삶을 대하는 시선 '식' 시리즈

온정 산문집
사물을 보는 방식

Series, way

삶을 대하는 시선 '식' 시리즈

온정 산문집
사물을 보는 방식

4..5..6..▼..1..2..3

새삼스러운 시선으로 보는 것

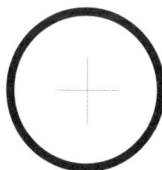

4..5..6..▼..1..2..3

일러두기

일부 표준어가 아닌 단어는 글맛을 살리기 위해 그대로 두었습니다.

프롤로그
나만의 시선, 나만의 방식

최근 몇 년간 세 권의 에세이를 줄줄이 쓰고 펴냈다. 짧은 기간 안에 나의 깊은 이야기들을 쏟아내고 또 쏟아낸 셈이다. 그래서였을까. 세 번째 책 출간을 앞두었을 때 나는 조금 지쳐 있었다. 글 쓰는 행위 자체는 여전히 즐겁고 좋기만 했다. 다만 개인적인 이야기를 공개적으로 드러내는 데 두려움이 커졌다. 용기 내어 쓴 나의 이야기를 독자들이 지겨워하면 어쩌지. 그런 의심이 들 때쯤에는 정말이지 책 쓰는 게 괴로웠다. 준비하던 책이 세상에 나오고 나면 한동안은 에세이를 쓰지 않는 게 좋겠다는 생각도 했다.

그때 마누스 출판사에서 『사물을 보는 방식』 집필을 제안해 오셨다. 대표님은 내가 어떤 글을 잘 쓸 수 있는지를 나보다 더 뾰족하게 파악하시는 분이다. 반짝이는 아이디어와 탄탄한 기획서 앞에서 나도 모르게 줏대 없이 들떴다. 마침 나의 이야기를 쓰는 게 어려운 상황인데, 사물이 주인공인 산문집이라니. 딱이다. 이번엔 사물 뒤에 숨으면 되겠네. 그렇게 쉽게 생각했던 것 같다. 나는 짧게 망설이고 기꺼이 제안에 응했다.

하지만 웬걸. 원고 몇 개를 써본 뒤 깨달았다. 이거야말로 내 주관적인 의견과 얕은 통찰이, 나의 바닥이, 내가 어떤 눈으로 세상을 바라보고 있는지 고스란히 드러나는 글이구나. 원한다면 사물 뒤에 숨을 수도 있었다. 하지만 나를 감추는 순간 색도 향도 매력도 없는 글이 되었다. 내가 뭐 하는 사람이고, 어떤 경험을 해왔으며, 어떤 생각과 가치관을 가지고 사는 사람인지 적절히 드러내지 않는다면 독자들이 어찌 이 글들에 고개를 끄덕이고 이 책과 친해질 수 있을까.

나를 숨기려던 계획이 틀어지자 부담감이 밀려왔다. 세상을 관찰하고 그것을 글로 풀어내는 작업이 너무 재미있어서 어깨를 들썩거리며 글을 썼지만, 막상 다 쓰고 나면 내 안의 또 다른 자아가 자꾸 튀어나와 노크하며 물었다. 누가 내 생각이 틀렸다고 하면 어쩌지? 아무도 공감하지 못한다면? 감히 내가 이런 글을 써도 되는 걸까? 내 의견을 너무 날 것 그대로 드러내는 거 아냐?

  집필 내내 소란스럽게 문을 두드리던 걱정을 그나마 가라앉혀준 건 책의 제목이었다. 사물을 보는 '방식'. 이것은 공식이 아니다. 나만의 시선으로 세상을 바라보는 하나의 방식일 뿐이다. 그래서 이 책 속에는 유독 물음표가 딸린 문장이 많다. 세상은 답을 알 수 없는 일투성이니까. 글을 쓸 때 가급적 사용하지 않는 게 좋다는 '…한 것 같다'는 표현도 어쩔 수 없이 종종 썼다. 사물에 대한 부분은 비교적 단호하게 말할 수 있었지만, 아무래도 그것을 삶과 연결할 때는 분명히 이야기하기 어려웠다.

  여러 소재를 최대한 다채로운 각도에서 담으려 노력하기도 했다. 사물의 정의는 '일과 물건을 아울러 이르는 말'이다. 따라서 글감을 물성이 있는 존재에만 국한하지 않았다. 카메라의 초점을 옮기면 피사체가 흐릿해지고 배경이 더 또렷해지기도 하는 것처럼, 사물뿐 아니라 그 뒤를 이루는 배경, 사람 사는 이야기, 머릿속에 떠다니는 상상들을 자유롭게 썼다.

글의 온도 역시 사계절 날씨를 유연하게 넘나든다. 늘 저자 소개에 '온정이라는 필명에는 따듯한 글을 쓰고자 하는 마음을 담았다'라고 쓰는데, 이번에는 그 문구를 뺐다. 세상의 온도를 함부로 나의 이름 속에 가두고 싶지 않았다. 결국 이 책은 있는 그대로의 나의 시선, 즉 냉소적이기도, 성찰적이기도, 엉뚱하기도, 까다롭기도, 느슨하기도, 따듯하기도 한 모든 시선을 담은 산물이다.

누구나 각자의 방식대로 세상을 볼 것이다. 그 수많은 방식 중에서 내가 바라보는 방식은 이러하다고 소개하고 싶었다. 나는 사물의 힘을 빌려 두려움을 깨고 다시 나의 이야기를 썼다. 기회가 왔을 때 놓치지 않는 것. 일단 써 내려가는 것. 내 글에 의심을 멈추지 않는 것. 그러다가도 결국 어느 순간에 다다르면, 내 글을 껴안아 주는 것. 그것이 이번에 내가 『사물을 보는 방식』을 쓴 방식이다.

목차

▼
Part 1. 무엇을 : 본질 너머의 본질

사물 14 | 필름 카메라와 글쓰기 17 | 족발과 마라탕 21
보이지 않는 것 24 | 보이는 것 26 | 보이는 것, 보이지 않는 것 27
고수의 고수 30 | SNS 34 | 댓글 39
사포 42 | 유전자 - 귀여운 합리화 45

▼
Part 2. 누가 : 그 사람으로 인해

통기타 - 외할머니의 목소리 51 | 플래그 - 취향 공유 57 | 명패 - 복제 62
당근마켓 - 엄마의 늦바람 66 | 바늘 - 미련함 72 | 유통기한 77
비상등 81 | 호떡 트럭 84 | 빛 - 조력자 88 | 연료 캡 93

▼
Part 3. 언제 : 기억이 머무른 자리

엄마 밥 100 | 치유 과정 105 | 유행 - 현명한 편안함 107
단풍 - 열린 결말 109 | 포카리스웨트 112 | 안부 115 | 책 118
연착 122 | 독일 고모 129
아르바이트 135 | 서른 143 | 식빵 - 일탈 148 | 플라스틱 - 회귀 152

Part 4. 어디서 : 그곳의 결을 따라

공항버스 정류장 158 | 먹구름 163 | 이어폰 - 세상의 소리 164
김밥 장인 169 | 달 174 | 도서관 176 | 장점 179
축사(Wedding speech) 182 | 미국 결혼식 186

Part 5. 어떻게 : 방식의 미학

도망 - 작은 현실로부터 197 | 흉터 - 꼼수 203
수정테이프와 포스트잇 - 재구성 206 | 준비 운동 210 | 시계 213
칡나무와 등나무 - 갈등 215 | 두더지 게임 217 | 라이스페이퍼 222
시집 224 | 고무줄 - 탄성 한계 227 | 환승 여행 232 | 웨딩사진 238

Part 6. 왜 : 쓸모와 무용의 경계에서

문장 246 | 냉장고 247 | 일기예보 250 | 씨앗 255 | 실속과 낭만 257
츄리닝 262 | 항해 265 | 유서 - 그저 남기는 글 270 | 애착 인형 276
리을 - 정적의 미덕 279 | 잔류 세제 282 | 사과 - 반성의 맛 283
눈 286

4..5..6..0..▼..2..3

Part 1. 무엇을

본질 너머의 본질

그래도 사물의 몇 가지 태도는 배워볼 수 있을 것이다.

사물

　물건에는 심장이 없다. 생각도 없다. 그들은 대개 또렷한 목적을 가지고 태어난다. 그 목적을 잘 달성해내는 게 삶의 유일한 목표일 것이다. 그러니 물건들은 자기 자리에서 그저 묵묵히 할 일만을 한다.

　여행을 떠나 맨손으로 씻다 보면 샤워볼의 빈자리를 크게 느낀다. 샤워볼을 이용하면 바디워시를 조금만 써도 거품이 풍성하게 난다. 온몸 구석구석을 닦고서도 거품이 남아 샤워볼을 물로 한참 헹궈야 할 정도다. 샤워볼이 없을 때는 바디워시의 펌프를 몇 번씩 눌러야 한다. 그마저도 제대로 된 거품은 기대하기 어렵다. 샤워볼은 촘촘한 그물을 뭉쳐놓은 최소한의 모습으로 바디워시의 효율을 극대화한다. 태어난 목적을 깔끔 명료하게 달성해내는 샤워볼을 볼 때마다 나는 새삼 놀란다. 와, 대단해. 나도 저렇게 간결하고 알뜰하고 현명하게 살고 싶어.

물건들이 훌륭하게 사는 이유는, 애초에 목적에 맞는 모양으로 만들어졌기 때문이기도 하지만 그 배경도 무시 못 한다. 세상은 샤워볼에게 딱 그만큼의 역할만 바란다. 샤워볼이 칫솔이나 수세미 역할을 대신해주길 바라지 않는다. 반면 인간 사회에서는 개개인에게 바라는 게 너무 많다. 연필에서 거품이 나길 바라거나, 숟가락에게 삽의 역할을 요구하기도 한다. 그 역할을 해내는 걸 마땅한 일로, 칭찬받을 일로, 근사한 일로 여긴다. 해내지 못하는 건 못마땅한 일로, 질타받을 일로, 나약한 것으로 여긴다.

 사람은 특정한 목적 없이 태어난다. 대신, 시절마다 '목표'라는 거푸집을 만들고 그에 자신을 맞추며 살아간다. 세상은 타인의 거푸집에 관심이 참 많다. 그 모양이 튀어도 문제, 남들과 너무 똑같아도 문제, 너무 작거나 커도 문제다. 만능을 원하는 세상. 그런 세상의 기준에 맞추어 맹목적으로 최대한 많은 모양의 거푸집을 만들고, 그 프레임 속에 몸을 구겨 넣는 게 과연 옳은 일일까. 단 하나의 거푸집을 만들더라도 자신만의 고유한 모양을 만들어내는 게 중요한 것 아닐까.

  태어나기를 우리는 사물만큼 효율적으로 살 수 없다. 늘 인간의 이성을 움켜쥐고 흔들어대는 감정이 있기 때문이고, 개인이 해내야 하는 역할들이 너무나도 복잡하게 얽혀 있기 때문이다. 그래도 사물의 몇 가지 태도는 배워볼 수 있을 것이다. 질시하지 않고 상대를 도와 시너지를 일으키는 것. 샤워볼처럼. 한 번에 한 가지 모양의 목적만 두는 것. 드라이버처럼. 세상의 간섭에 휩쓸리지 않고 나만의 페이스를 유지하는 것. 시계태엽처럼.

필름 카메라와 글쓰기

 가끔 필름 카메라로 사진을 찍는다. 디지털카메라는 여러 번 찍은 뒤 그중에 잘 나온 걸 바로 고를 수 있지만, 필름 카메라는 필름이 한정되어 있으니 한 컷 한 컷에 영혼을 담아야 한다. 조리개나 초점도 일일이 조절해야 하는 데다가, 혹여나 셔터를 누르는 과정에서 흔들릴까 봐 신경도 무척 쓰인다. 결과물은 필름을 다 쓸 때까지 기다렸다가 한꺼번에 인화해야 볼 수 있다. 그렇게 정성 들여 얻은 필름 사진 한 장은 참 특별하다.

 특유의 질감과 색감 때문인지, 필름 카메라로는 아무리 사소한 걸 찍어도 그 결과물이 예쁘다. 필름 카메라를 가지고 밖에 나가는 순간부터 나의 눈빛은 달라진다. 좋은 피사체를 찾기 위해 평소 무심코 지나치던 사물들도 괜스레 한 번 더 본다. 가까이서도 봤다가, 멀리 떨어져서도 봤다가, 이렇게도 봤다가, 저렇게도 봤다가.

 해가 좋던 어느 날. 간만에 필름 카메라를 들고 산책을 나갔다. 그러다 평소 자주 지나다니던 길의 시멘트 담벼락 앞에 멈추어 섰다. 그 담벼락이 어떻게 생겼는지 전혀 관심이 없었는데, 가만히 바라보니 그 속에 특유한 패턴이 있었다. 네모난 뷰파인더에 패턴을 꽉 채우자 그럴싸했다. 서툰 솜씨로 카메라를 조작한 뒤 숨을 참으며 셔터를 눌렀다. 특별하지 않던 담벼락도 특별하게 만들어주는 것. 이것이 필름 카메라만이 가진 매력이다.

글쓰기에도 비슷한 구석이 있다. 조리개나 초점이 조금만 틀어져도 사진이 희뿌옇게 찍히는 것처럼, 문장의 조사나 접속사같이 세세한 부분만 바뀌어도 그 느낌과 의미가 제대로 전달되지 않을 때가 있다.

또 필름 사진을 찍는 시점에는 그 결과물을 어렴풋이만 예측할 수 있고, 나중에 인화해야만 제대로 된 결과물을 확인할 수 있다. 잘 찍은 것 같아도 막상 사진을 받아보면 초점이 나갔거나, 흔들렸거나, 필름이 빛에 노출되어 망가졌거나 하는 경우도 많다.

쓴 지 얼마 안 된 글을 읽을 때도 마찬가지다. 처음에는 이 글이 어떤 글이 될지 흐릿하게만 보인다. 잘 묵혀두었다가 시간이 지난 뒤 다시 꺼내 읽어야 그나마 나의 글을 객관적으로 볼 수 있다. 감성 충만한 새벽에 쓴 글을 나중에 읽어보면 엉망일 때가 많은 것처럼.

나는 필름 카메라를 손에 들고 피사체를 찾아다니는 마음으로 글감을 찾는다. 매일 생각 없이 하는 일들로부터, 가령 손톱을 깎고 설거지를 하고 양치를 하고 사과를 씹어 먹다가 글감을 얻는다. 내가 무심코 하는 행동에 담긴 의미나 사물의 속성을 잘 살핀다. 매일 사용하던 컵에 대해 쓰더라도 컵의 색깔, 크기, 그립감, 질감, 모양새, 두드렸을 때 나는 소리까지 집요하게 파고든다. 새삼스럽지 않은 일상을 새삼스러운 시선으로 보는 일. 내가 필름 사진을 찍고 글을 쓸 때 가장 신경 써서 하는 일이다.

족발과 마라탕

가끔 엉뚱한 상상을 한다.

현 인류인 호모사피엔스는 결국 멸종하고, 오랜 시간 뒤에 다른 지적 생명체가 지구에 나타난다. 그들은 인류가 남긴 흔적을 찾는다. 하지만 인간이 그토록 열심히 종이에, 컴퓨터에 적어둔 기록은 이미 모두 썩어서 사라져버렸다. 아름다운 언어로 쓴 시와 완벽한 소설, 참혹했던 전쟁의 기록, 인류가 찬란히 꽃피운 과학 문명은 흙더미와 물과 불 속에서 한 줌의 재가 되어 그게 본래 어떤 모습이었는지 구분하기 어렵다.

대신 산처럼 쌓인 플라스틱만이 인간의 뼈 근처에 고스란히 남아 있다. 인간의 언어를 연구하던 그들이 마침내 우리의 글자를 읽을 줄 알게 되었을 때, 그럼에도 플라스틱 통에 새겨진 '족발'과 '마라탕'이 대체 무슨 뜻인지 몰라 헤매다가, 어쨌든 이 정도로 오래도록 인간과 함께 남아 있을 수 있는 물건이라면 정말이지 특별한 존재인가 보다, 하는 결론을 내린다. 그들은 "이곳에 살았던 인간들은 족발과 마라탕으로 자신의 무덤을 꾸몄음"이라는 한 문장으로 인간을 요약할 수도 있겠다.

물론 상상은 상상일 뿐. 플라스틱은 그 종류에 따라 썩는 데 500년에서 1000년 정도가 걸린다. 인간이 사라지고 조용해진 지구에 다른 지적 생명체가 나타나기엔 다소 짧은 시간일지 모른다. 그렇다고 아예 가능성이 없지는 않다고 생각하면, 500년이라는 시간에 중압감이 느껴진다.

500년 뒤 이 세상은 어떻게 변할까. 아무도 알 수 없다. 어떤 기후학자와 생물학자는 100년 안에 지구의 온도가 2℃ 올라 인간이 멸종할 가능성이 있다고 말한다. 500년은 그 시간의 다섯 배나 된다. 그쯤 되면 인간은 화성에 이주하여 살고 있을지도 모를 일이다.

혹자는 어떤 미생물이 플라스틱을 분해시키는 방향으로 진화할 것이라고 말한다. 물리적 재활용이 어려운 플라스틱을

석유로 재활용하는 기술도 발전하고 있다. 하지만 어떠한 방법이 되었든, 지구의 플라스틱 쓰레기가 모두 사라지기까지는 아주 오랜 시간이 필요할 것이다. 값싼 플라스틱과 그 쓰레기는 이 순간에도 무한히 쏟아져 나오고 있으니까.

인간의 수명만 생각해보아도 우리는 실감할 수 있다. 사람은 평균 80년 세월을 살고 떠나지만, 그 자리에는 플라스틱 유산이 남는다. 그것들은 우리가 살아온 시간의 최소 일곱 배에 달하는 시간 동안 썩지도 않고 끈덕지게 그 자리를 지킬 것이다. 그것이 쌓이고 쌓여 산을 이루고 훗날 인간을 대표하는 물건이 되는 것.

과연 마냥 엉뚱하기만 한 상상일까.

보이지 않는 것

 급성 충수염에 걸리는 바람에 맹장을 떼어내는 수술을 했다. 입원한 지 사흘 정도 되었을 때 처음 보는 간호사 선생님이 수술 부위를 소독해주러 오셨다. 간호사실의 대장이시란 걸 한눈에도 알 수 있었다. 힘 있게 띄운 파마머리에 테 없는 안경, 연륜이 느껴지는 어투와 시원한 목소리까지. 만화에 등장할 법한 이미지였다.

 선생님은 처음 병실 문을 열고 들어올 때부터 수다스럽게 말을 붙이셨다. 그 김에 내 배꼽에 붙은 테이프를 떼고 계신 선생님께 여쭈었다.

"상처는 잘 아물고 있나요?"

 선생님은 말씀하셨다.

"그럼요, 당연하지. 원래 눈에 보이는 곳은 걱정할 필요가 없어요. 항상 보이지 않는 곳이 문제가 되는 거야. 공기, 사랑, 인간관계 같은 것. 그런 게 눈에 보여? 안 보이잖아. 결국 그런 것들이 사람을 죽고 살게 하는 거야. 한번 생각해봐요.

내 말 맞죠?"

보이는 것

보이지 않는 것이 중요하다는 간호사 선생님의 말씀에 나는 깊이 동감했다.
그러나…
막상 현실은 그렇지 않았다.

수술도 회복도 태연하고 씩씩하게 잘만 하던 나는, 배꼽에 묶여 있는 까만색 실밥을 두 눈으로 볼 때면 갑자기 무너졌다. 실밥을 풀고 난 뒤에도, 배꼽 아래에 생선 가시 모양으로 두껍게 새겨진 딱지를 볼 때마다 온몸에 힘이 풀렸다. 상처 사이로 들어갔을 수술 도구를 떠올리게 되었고, 이 징그러운 딱지가 제대로 아물지 않을까 봐 걱정이 밀려왔다.

큼직한 밴드로 상처를 가리면 곧바로 아무렇지 않아졌다. 귀를 귀마개로 막은 것처럼 순식간에 마음이 고요해졌다.

나는 '보이는 것'으로부터 결코 자유롭지 못했다.

보이는 것, 보이지 않는 것

집에서 주로 검은색이나 하얀색 티셔츠를 입는다.

검정 티셔츠에 우리 집 강아지의 흰 털이 잔뜩 붙은 걸 보고, 테이프 클리너로 떼어내며 생각했다. 아마 흰 티셔츠에도 털이 똑같이 붙어 있겠지. 보이지 않을 뿐.

흰 티셔츠를 입은 채 뼈해장국을 먹다가 옷에 빨간 국물이 튀었다. 밥을 먹다 말고 일어나 서둘러 세제로 지우며 생각했다. 검은 티셔츠를 입고 먹었어야 했어. 그럼 보이지 않았을 텐데. 아마 국물이 튀었는지조차 몰랐겠지.

똑같은 이물질이라도 이 배경에서는 보이고 저 배경에서는 보이지 않는다. 보이지 않는다면, 아무도 신경 쓰지 않는다. 마찬가지로 자신이 가진 단점도 어떤 곳에서는 도드라질 수 있고, 어떤 곳에서는 아예 보이지 않을 수도 있다. 나는 지금 어떤 배경 앞에 서 있을까. 내 장점을 살리고 단점은 숨겨주는 배경일까. 아니면 단점만 부각하고 장점을 없애버리는 배경일까.

어려서부터 예민함과 진지함은 나의 단점이었다. 워낙 민감해서 남들은 모르는 부분까지 미주알고주알 알아차렸다. 저 사람이 나를 별로 안 좋아하는구나. 저 사람은 지금 이 자리가 불편하구나. 저 사람은 진심이 아니구나. 타인의 표정 하나, 손짓 하나가 나에게는 슬로모션처럼 흘러갔다. 내가 맡은 일이 살짝만 틀어져도 거슬렸다. 작은 실수도 오래도록 곱씹었다. 뭐든 하나하나 바로잡으려 애쓰다 보니 신경이 늘 곤두서 있었다.

매사에 진지한 모습은 남들의 웃음거리가 되기 좋았다. 다른 이들은 웃어넘길 수 있는 상황에도 나는 그러지 못했다. 겉으로는 따라 웃어 보였지만 속으로는 늘 진지한 소설을 쓰고 있었다. 진지함이 찌질함으로 통하는 사회에서 나의 단점은 흰 티셔츠 위 국물 자국처럼 눈에 띄었다. 나도 그들처럼 쿨한 사람이 되고 싶었다. 그래서 최선을 다해 그 모습을 지우고 감추었다.

  그런데 글을 쓴 뒤로, 나의 예민함과 진지함이 제 역할을 하기 시작했다. 민감한 눈으로 세상을 바라보면 남들이 무심코 지나치는 것도 글감으로 잡아낼 수 있다. 내 글을 보고 '넌 왜 그리 예민하냐'고 묻는 사람은 없다. 대신 섬세하다고 말한다. 예민하다는 다소 부정적인 표현이 글쓰기 앞에서는 한순간에 긍정적으로 바뀌는 것이다.

  글쓰기라는 배경은 나의 단점까지 포용한다. 나의 예민함이 그동안 하얀 세상을 자꾸 까맣게 오염시키는 종류의 것이었다면, 글쓰기라는 도화지는 애초에 검은색이라 나의 까맣고 미운 단점들을 조용히 껴안는다. 나를 바꿀 필요 없이 그저 흡수해준다. 나는 까만 도화지에 '예민함'이라고 적힌 검정 펜과 '섬세함'이라고 적힌 하얀 펜을 들고 글을 써 내려간다. 이곳이 내가 있어야 할 자리라는 걸 확신하면서.

고수의 고수

"혹시 고수 추가 되나요?"

태국의 한 식당에서 내가 번역기를 돌려가며 물을 때, 근처에 앉은 한국인 여행자는 고수를 빼달라고 말하고 있었다. 그분의 팔을 덥석 잡고 "그 고수 제발 저에게 주세요!" 청하고 싶었다. 이 요리의 치트 키는 분명 고수였다. 족발과 비슷해서 평범하게 느껴질 수도 있는 음식이 고수를 만나 훨씬 특별해졌기 때문이다. 내가 고수를 먹을 줄 알아서 다행이라고 생각했다.

원래는 나도 고수를 못 먹었었다. 고수잎을 찔끔만 떼어 먹어도 입속에 요상한 향이 퍼졌다. 비누를 씹어먹는 기분이었다. 인위적인 향이 첨가된 로션을 손에 덜어 핥아먹는 듯한 맛이기도 했다. 고수를 못 먹는 유전자가 있다던데, 나에게도 그 유전자가 있을 거라 확신했다.

그러다 처음 고수를 제대로 먹어본 건 이태원의 멕시칸 요리 전문점에서였다. 타코를 먹어 치우면서 맛이 어쩜 이렇게 빈틈없이 풍부한가 감탄하고 있는데, 남편이 날 보며 말했다.

"여보도 고수 잘 먹네?"

고수라는 말을 듣자마자 등골이 서늘해졌다. 그 비누 맛 나는 풀이 여기 들어 있다고? 내가 그걸 먹어버렸다고? 평소 먹던 타코와는 다르게 꽉 찬 그 맛이 어디에서 온 건지 그제야 알아차렸다. 살사소스와 찰떡처럼 어울리는 고수의 존재감이었다. 의식하고 나니 왠지 거부감이 들긴 했지만, 맛이 훌륭하다는 건 거부할 수 없는 사실이었다. 나는 남은 타코도 맛있게 먹었고, 다 먹고 나니 용기가 생겼다. 어쩌면 나도 고수를 즐겨 먹을 수 있을지도 몰라.

그 뒤로 고수 먹을 기회가 생길 때마다 야금야금 뜯어서 입에 넣어보았다. 고수를 좋아하는 남편 덕에, 또 텃밭에 고수를 기르시는 시부모님 덕에 심심찮게 고수를 맛볼 수 있었다. 먹어도 먹어도 도무지 적응이 안 되던 시기를 지나, 결국 나는 쌀국수에 고수를 듬뿍 올려 먹을 정도로 고수의 고수가 되었다.

 지금의 나는 숨이 찰 만큼 긴 문장으로 고수를 찬양할 수 있다. 고수는 "나 여기 있어요!" 하고 소리라도 지르듯 자기주장이 강한 향신채이지만, 막상 요리 안에 들어가면 완벽히 조화를 이루어 최상의 맛을 끌어내며, 씹는 순간 터지는 싱그러운 향이 밋밋하던 요리의 풍미를 살려 입안을 가득 채우고 느끼함 역시 싹 잡아주어서 '대체 이거 없었으면 어쩔 뻔했어!'라고 생각하게 만든다. 이제 고수 없는 쌀국수는 깍두기 없이 먹는 설렁탕처럼 허전하고 아쉽다.

 두려움의 알을 깨고 나가야 새로운 세상을 맛볼 수 있다. 머리로는 잘 알지만, 그게 참 쉽지 않다. 그냥 아는 세상 속에서 아는 것만 보고 먹고 입으며 살고 싶을 때가 더 많다. 무슨 부귀영화를 누리겠다고 굳이 로션 맛이 나는 음식을 입에 넣는 일까지 감수해야 하나 싶기도 하고. 하지만 나는 알고 있다. 고수를 먹기 전의 세상과 먹은 후의 세상은 분명히 조금이나

마 변했고, 그런 작은 것들이 모여 결국 싱거운 내 삶을 다채롭게 만들 거라는 걸.

SNS

"짜잔! 아기가 태어났음!"

대학 동기 D가 카톡으로 아내의 출산 소식을 알려왔다. 우렁차게 울고 있는 아기 사진과 함께였다. 피부가 붉은 신생아인데도 그 속에 엄마와 아빠의 얼굴이 겹쳐 보였다. 사진을 여러 차례 열어서 멀리서도 보고 확대도 해보고 아기의 눈, 코, 입도 뜯어보며 올라가는 광대를 주체하지 못했다. 와, 허구한 날 같이 술이나 마시던 친구가 이제는 어엿한 아빠라니. 유전자의 신비와 친구의 신분 상승(?)에 새삼 놀라며, 진심을 담아 축하의 말을 전했다.

카톡을 받았을 때는 평소 우러러보던 한 작가님의 북토크에 가던 길이었다. 버스에서 내려 지각할세라 정신없이 걷는 와중에도 D가 보낸 소식이 너무나도 반가웠다. 기쁨과 놀라움 이후에 부리나케 따라붙은 감정은 '고마움'이었다. 좋은 소식을 직접 전해준 D에게 고마운 마음이 짙게 남았다. 요즘 지인들과 이렇게 직접적으로 소식을 주고받는 일이 드물어서였다.

  D는 대학생 때 둘도 없이 친하게 지내던 친구였다. D는 군대에 다녀오고, 나는 대학원에 다니느라 둘 다 한 학교에서 스물여섯 살까지 캠퍼스 생활을 했다. 친구가 필요할 때 '콜?' 한마디만 보내도 '콜!'이라고 대답해주던, 늘 도서관이나 기숙사에 있다가 바로 튀어나와 나의 이야기를 들어주던 그런 친구였다. 우린 딱 그 나이대에 겪을 만한 고민의 단계들을 함께 밟았다. 인간관계, 연애, 가족, 공부, 취업… 당시에는 무엇 하나 진지하지 않은 게 없었던 그 고충들을 서로에게 미주알고주알 털어놓곤 했다. 그때마다 성숙한 조언은 못 해주었을지언정 진심을 담아 서로의 이야기를 듣고 공감해주었다.

  그렇게 진심을 나누던 사이와도 멀어지는 건 한순간이었다. 졸업 후 D와는 빠르게 멀어졌다. D뿐만 아니라 거의 모든 친구와의 관계가 그랬다. 처음에는 만남도 헤어짐도 아닌 그 애매모호한 상황을 감당하는 게 슬프고 힘들었지만, 점차 자연스러운 일이란 걸 받아들이게 되었다.

 멀어진 수많은 친구들의 소식은 보통 SNS로 접한다. SNS를 들여다보면 지인의 근황을 편하게 확인할 수 있다. 그 소식에 대한 반응 역시 내가 정하면 된다. 눈으로만 보고 지나칠 수도 있고, '좋아요'를 누름으로써 소극적으로 반응할 수도 있다. 댓글을 통해 조금 더 적극적으로 나의 마음을 표현할 수도 있으며, 더 나아가 개인적으로 메시지를 보내는 방법도 있다.

 하나하나 연락을 주고받기 겸연쩍은 상황에서 SNS는 세법 큰 도움이 된다. 나 역시 SNS에 가끔 내 소식을 올린다. 좋은 일이 생기면 친구에게 직접 연락해서 자랑하는 상상을 하다가 이내 고개를 젓는다. 만약 친구가 지금 기분이 안 좋으면 어쩌지, 같은 걱정이 들어서이다. 힘든 일이 생겼을 때도 마찬가지. 나보다 친구가 더 힘들 수도 있을 텐데… 가정하다 보면 안 좋은 얘기를 꺼내기가 조심스럽다. 그럴 때 은근슬쩍 SNS

에 소식을 올린다. 서로의 부담을 덜며 소식을 전할 수 있는 게 SNS의 큰 장점이라고 생각한다.

하지만 D의 연락을 받고 생각했다. 직접 주고받는 연락이 주는 깊이와 진정성은 따라갈 수 없다는 것을. 또 다른 친구 중에는, 힘든 일이 생기면 전화해서 울먹이는 목소리로 "온정아!" 하고 내 이름부터 부르는 친구가 있다. 그럴 때도 나는 고마운 감정을 느낀다. 힘든 소식을 늦지 않게 전해주어서, 나에게 그 힘듦을 직접 나누어주어서 참 고맙다고.

이런 친구들과의 관계는 의심하지 않게 된다. 힘들 때, 기쁠 때 나를 찾아주는 게 큰 용기라는 걸 안다. 오랜만에 만난 친구가 "말 못 했는데, 사실은 나… 그런 일이 있었어"라고 말할 때면 나도 모르게 섭섭함을 느끼기도 한다. 그렇게 힘든 시기에 곁에 있어주지 못했다는 아쉬움, 미안함과 함께. 하지만 '만약 나였다면 말할 수 있었을까?' 하고 반대로 생각해보면, 결국 반성으로 이어진다. 난 나의 이야기를 얼마나 기꺼이 친구들에게 전했나. 평소 내가 친구들에게 너무 거리를 둔 건 아닐까. 배려가 몽글몽글한 비눗방울의 모양을 하고 있기는 해도, 그 역시 서로를 닿지 못하게 하는 엄연한 경계선이다. 이 방울을 터트려도 될지 서로 조심하다 보면 한순간에 거리감으로 이어진다. 가끔은 용기 내어 배려라는 거품을 뚫어야 상대에게 제대로 가닿을 수 있다.

지인들과 SNS를 통해 간접적으로 소식을 주고받으며 여러모로 편해졌지만, 때로는 내가 직접 연락하는 부담감을 너무 다 내려놓은 게 아닌가 싶다. 소식을 전하려는 사람이 머뭇거리다가 메시지 전송 버튼을 누르는 용기. 소식을 받은 사람이 기뻐하며 어떻게 답장할지 고민하는 시간. 그 정도의 기분 좋은 부담감이 서로 이어질 때 진정한 관계가 유지되는 게 아닐는지. D의 카톡을 들여다보며 나는 생각한다.

댓글

세상에는 두 부류의 사람이 있다. 댓글을 쓰는 사람과 쓰지 않는 사람.

나는 후자인 동시에 댓글을 적극적으로 '읽는' 사람이다. 나에게 댓글은 본문만큼이나 중요하다. 이따금 영상을 다 보기도 전에, 포스팅이나 기사를 끝까지 읽기도 전에 참지 못하고 댓글 창부터 연다. 가장 먼저 하는 일은 공감 수가 많은 댓글로 사람들의 반응 확인하기. 스크롤을 쭉 내리며 각양각색의 의견들을 본다. 그 속에서 내가 본문에선 미처 읽지 못한 행간을 발견하기도 하고, 몰랐던 배경지식을 알게 되기도 한다. 내 생각과 다른 댓글을 보며 답답해할 때도, 본문과 전혀 다른 맥락의 댓글을 보고는 속으로 비난할 때도 있다. 가끔은 질투가 날 정도로 센스있는 댓글을 만나기도 한다. 그럴 땐 '어쩜 이렇게 찰떡같은 표현을 썼을까' 감탄하며 그 자리에 오래 머무르곤 한다.

그렇게 습관처럼 댓글부터 찾아 읽던 어느 날. 문득 생각했다. 무작정 타인의 의견부터 확인해 버릇한다면, 나만의 견해가 끼어들 틈은 대체 어디에 있나? 스스로 느낀 점을 먼저 정리하고 타인의 이야기를 듣는 것과, 느낀 점을 정리해보기도 전에 타인의 이야기를 듣는 건 완전히 다르다. 타인의 의견을 본 이상 내 생각은 이미 나만의 것이 아니다.

만일 오늘 하루 내가 본 기사나 영상의 댓글 수가 몽땅 0이라면, 그 모든 자료에 첫 댓글을 달아야 하는 임무가 주어진다면, 과연 나만의 의견을 똑똑히 댓글로 적을 수 있을까? 그런 물음에 나는 섬찟해지고 만다. 타인의 의견을 너무 쉽게 접할 수 있는 이 세상에서, 이미 난 그들의 목소리에 의존하며 살고 있다.

스스로에게 불편한 질문을 계속 던지지 않으면 나도 모르게 편한 길만 걷게 된다. 이대로 가다간 목소리를 낼 줄 모르는 사람, 아니, 그전에 자신의 목소리가 무엇인지조차 알지 못하는 사람이 될 것 같다. 생각해보니 리뷰를 확인하지 않고 음식점에 가본 게 언제인지 모르겠다. 우연히 들어간 식당에서 내가 원하는 메뉴를 고르고, 그 맛을 느끼고, 음식의 간이 딱 맞다든지, 잘 구워졌다든지, 조금 달다든지 나만의 평가를 내리는 일. 이 모든 과정을 온전히 나 스스로 판단하며 행한 적이 언제였던가. 요즘은 리뷰를 통해 사전 정보를 파악하고, 사람들이 좋다고 평가한 음식점을 찾아 들어가서, 사람들이 '이 집에서는 이걸 먹어야 해요'라고 적어둔 메뉴를 고르고, '리뷰에 적힌 것처럼 여기 음식은 좀 간간하네'라며 평가를 덧붙인다.

이렇게 나만의 개성과 취향은 점점 뭉그러진다. 댓글의 댓글만 달 줄 아는 사람이 된다. 리뷰나 댓글을 돈 주고 사는 이 세상에서 나 같은 사람은 조작하기 가장 만만한 상대일지 모른다. 생각 없이 급하게 스크롤을 내리기 전에, 스스로에게 과제를 내보는 게 좋겠다.

본문을 끝까지 읽고 느낀 점을 (본인만의 개성을 살려) 서술하시오(5점)….

사포

 사포의 속성을 좋아한다. 사물을 단단한 사포로 갈아내다 보면 표면이 부드러워진다. 다르게 표현하면 '약한 것을 강한 것으로 갈아버리는 행위'인데, 강한 존재가 약한 존재를 망가뜨리는 게 아니라 오히려 더 맨들맨들하고 예쁘게 다듬어준다는 점이 참 특별하다.

 나는 화학 관련 분야를 전공하고, 졸업 후에는 화학 연구나 재료의 물성을 분석하는 일을 했다. 분석실에서 일할 때 시료를 다듬기 위해 매일 사포를 썼다. 지문이 다 뭉개질 정도로 쉽지 않은 일이었지만, 나는 사포 쓰는 시간을 진심으로 좋아했다. 온갖 종류의 시료를 사포 위에 문지르고 있으면 내 머릿속 잡념도 한낱 부스러기가 되어 흩어지는 것 같았다.

 사포에도 숫자로 된 이름이 있다. 1000방, 500방, 100방… 이런 식이다. 숫자가 클수록 사포를 이루는 연마재의 입자가 작아서 곱고, 숫자가 낮을수록 입자가 크고 거칠다. 100방 이하의 사포는 스치면 살갗이 살짝 까질 정도다. 사포의 재질 역시 여러 가지다. 이때, 내가 다듬으려는 사물보다 단단한, 다시 말해 경도가 큰 재질의 사포를 선택해야 한다. 그렇다고 경도 차이가 너무 많이 나는 사포를 쓰면 사물이 뭉개지거나 부서질 수도 있다. 적당히 강한 사포를 쓰는 것이 좋다.

내가 다듬으려는 물건이 나무 조각이라고 한다면, 처음에는 거친 사포로 나무 표면을 갈아서 대략적인 모양을 만든다. 그러다 점점 부드러운 사포로 숫자를 올려가며 세밀하게 다듬는다. 맨 처음 거친 사포를 쓸 때는 두꺼운 나뭇밥이 나온다. 사포가 지나간 자리에도 까끌까끌하니 그 흔적이 남아 있다. 단계 단계를 거쳐 마침내 부드러운 사포를 쓰면 먼지처럼 고운 나뭇밥이 휘날린다. 나무 표면은 점점 매끈해지고 부드러워진다. 거친 사포로 인해 움푹 파인 웅덩이와 볼록 솟아난 언덕배기들도 부드러운 사포를 만나면 그 빈자리를 채워내며 평평해진다.

세상은 사포처럼 거칠게 다가온다. 강한 것으로 약한 걸 긁으면 약한 쪽에 상처가 나는 건 당연한 수순이기에, 세상에 부딪히며 우리는 영문도 모른 채 긁히고 뭉개지고 부러진다. 거친 사포에서 부드러운 사포로 바꾸어가며 사물을 갈고 닦듯, 나 역시 단계적으로 연마할 수 있다면 참 좋을 텐데. 그렇게 된다면 처음에 생긴 상처는 결국 나를 더 근사하게 만들기 위한 하나의 과정에 불가할 것이다. 하지만 세상은 그리 친절하지 않다. 시련에게는 입이 없고, 그저 침묵으로 일관하며 나를 시험에 빠뜨린다. 이 아픔을 이겨내는 게 훗날 어떤 득이 될지 나는 결코 알지 못한다. 막막한 마음으로 현재를 견딜 뿐.

그저 믿고 다음 단계로 나아가는 수밖에 없다. 거대하고 지독한 세상으로부터 긁힌 뒤 쓰라리더라도. 요철 가득한 내 모습이 못나 보일지라도. 그것이 나만의 고유한 모양을 완성해나가는 하나의 과정일 거라고. 언젠가는 부드러운 사포를 만나 이 상처를 메꾸고, 더 멋진 모습으로 변화할 수 있을 거라고.

유전자
귀여운 합리화

달콤한 초코케이크를 허겁지겁 먹다가 혼자 찔려서 남편에게 말했다.

"유전자에 새겨진 본능이라 어쩔 수가 없어."

며칠 뒤, 삼겹살의 기름지고 바삭한 부분을 맛있게 먹던 남편이 답했다.

"이것도 유전자가 시키는 일이라 어쩔 수가 없네!"

"…이런 식이라면 우리가 하는 모든 행동을 유전자 핑계로 돌릴 수도 있겠는데?"

인간은 달고 기름진 음식을 탐닉하도록 진화했다고 한다. 먹을 것을 구하기 어렵던 시절, 수렵채집인 조상들은 곧바로 에너지를 낼 수 있는 고칼로리 음식을 발견하면 그 자리에서 최대한 먹어 치웠다. 그렇게 달고 기름진 음식을 선호하는 이들이 더 높은 확률로 살아남았고, 그 유전자가 후대에 더 많이 전해졌을 것이다. 덕분에 단맛 없이도 충분히 생존할 수 있는 지금 세상에서도 나는 달콤함의 유혹 앞에서 자주 이성을 잃고 만다.

　우리가 정확히 어떤 유전자를 물려받았는지는 알기 어렵다. 그렇기에 유전자는 좋은 변명 거리가 된다. 부모들은 장난처럼 실랑이하곤 한다. 아빠가 말한다. 얘가 날 닮아서 그런지 똑똑하네. 엄마가 받아친다. 에이, 무슨 소리야. 날 닮은 거지. 자녀들은 이야기한다. 난 엄마 닮아서 운동 신경이 꽝이야. 내가 아빠 닮아서 길치잖아(예시일 뿐, 나와 나의 부모님과는 관련이 없다). 주로 부모들은 장점 위주로, 자녀들은 단점 위주로 유전자 핑계를 써먹는다.

　모든 일에 남을 탓하는 건 문제겠지만, 가끔은 유전자를 앞세워 귀여운 합리화를 하고는 모르는 척 무책임해지고 싶다. 나는 왜 이 모양일까 싶고 스스로가 미울 때. 멋지게 살아보려 노력하지만 몸이 좀처럼 따르지 않을 때. 이렇게 핑계를 대보는 것이다.

　내가 지금 게으른 자태로 침대에 누워 있는 데에는 다 이유가 있어. 위험한 상황이 갑자기 닥쳤을 때 쓸 수 있는 에너지를 평소에 잘 비축해두기 위함이야. 쉴 때 잘 쉬는 유전자가 생존에 성공해서 나에게까지 이어져 온 거라고.

영어 공부는 내일부터 할래. 하기 싫은 걸 억지로 하면 스트레스가 심해진단 말이야. 스트레스에 취약한 조상들은 병에 쉽게 걸려 생존에 불리했겠지. 분명히 나는 스트레스를 최대한 피하는 유전자를 물려받았을 거야. 미루는 것도 결국 생존 본능이라고.

벌써 배가 부르지만, 오늘만큼은 배 터지게 먹을래. 평소에는 먹기 어려운 음식을 발견했을 때 그 자리에서 최대한 많이 먹는 건 인간의 본성이야. 게다가 옛날에는 음식을 오래 저장할 방법도 없었으니 아껴두면 다 상했겠지. 이런 유전자를 타고난 거니 나도 어쩔 수가 없다.

…영문도 모르고 근원이 되어버린 불특정 조상님들께는 죄송하지만, 이해해주실 거라 믿는다. 그분들도 치열하게 현생

을 살고 있는 우리가 마음 편하기를 바라시지 않을까.

4..5..6..0..1..▼..3

Part 2. 누가

그 사람으로 인해

우리는 인생이라는 소설 속에서 조력자의 도움을 받아,
그러나 스스로의 힘으로 컴컴한 길을 걸어 나온다.

통기타
외할머니의 목소리

우리 집 서재에는 통기타가 한 대 세워져 있다. 몸통 정면은 밝은색의 나무 재질로 되어 있고, 옆면은 그와 대비되는 진한 월넛 색깔이다. 군더더기 없이 깔끔한 모양새가 예쁜 기타. 줄을 튕기면 조롱박 모양의 몸통이 그 소리를 품으며 잔잔히 울린다.

연주를 안 한 지는 꽤 오래되었지만, 이 기타는 눈에 잘 보이는 자리에 두고 오래도록 간직하고 싶은 소중한 물건이다. 기타를 볼 때마다 나는 외할머니를 떠올린다.

외갓집은 충북 보은의 한 한옥이었다. 집 근처에 산도 있고 시냇물도 졸졸 흐르던 곳. 도시에서 나고 자란 내게 찾아갈 시골이 있다는 건 감사한 일이었다. 유년 시절의 기억이 많진 않지만, 그나마 남아 있는 건 대부분 시골과 자연 속에서의 추억들이다. 냇가에 들어가 잡히지도 않는 물고기를 잡아보던 일, 생소한 가정집 슈퍼 대문 앞에서 오빠와 머뭇거리던 일, 꽁꽁 언 빙판 위에서 미끄러지며 놀던 일, 읍내에 시장 구경 가던 일….

 어렸을 적부터 그곳을 좋아했다 보니 사춘기 때도, 더 크고 나서도 엄마를 따라 줄곧 외갓집에 갔다. 외할머니는 무뚝뚝하시면서도 그 속에 사랑이 가득한 분이었다. 우리가 대문을 열고 들어가면, 무심한 듯 "왔어?" 묻는 외할머니의 목소리 너머로 까맣고 주름진 얼굴이 활짝 피었다. 고개 숙인 해바라기처럼 한껏 굽은 허리도 그 순간에는 시원하게 쭉 펴지는 것처럼 보였다. 잠시 키가 커진 외할머니와 진하게 포옹하면, 도로 위에서 겹겹이 쌓인 고단함도 사르르 녹아내리곤 했다.

 작은 계단을 세 칸 정도 내려가야 나오는 부엌에는 내가 좋아하는 간식거리가 가득했다. 특히 나는 보은 시장에서 파는 흰 고물 인절미를 제일 좋아했다. 내가 사는 곳에서는 노란 고물의 인절미만 볼 수 있었기에 하얀 인절미가 그렇게 특별하고 맛있었다. 떡순이 엄마와 딸은 할머니가 사두신 쫄깃한 떡을 매번 신나게 먹어 치우곤 했다. 큼직한 유리병에 든 상큼한 오렌지 주스는 떡 때문에 꽉 맥힌 목을 시원하게 뚫어주었다.

아빠, 오빠와 함께 간 날에는 할머니와 다른 방에서 잤지만, 엄마와 둘이 간 날에는 할머니와 셋이 함께 잤다. 풀벌레 소리가 들려오는 밤이면 큰 방에 이불을 깔아두고 삼대 모녀가 조르르 누웠다. 평소 말이 별로 없던 할머니도 그 시간이 되면 유독 수다스러워지셨다. 누워서 창문 사이로 새어 들어오는 달빛을 보며 도란도란 이야기를 나누다 보면 어느새 할머니가 조용히 코를 고셨다. 외갓집에서 보낸 시간들은, 별달리 하는 일 없이도 그저 포근하고 즐거웠던 기억으로 남아 있다.

외할머니가 돌아가셨을 때 나는 눈이 벌게지도록 오래오래 울었다. 다시는 할머니를 볼 수 없어 슬펐고, 이제 고아가 돼 버렸다는 엄마의 말이 슬펐고, 주홍빛 감나무가 인사하던 보은의 시골집이 떠올라서 슬펐다. 눈물로 가득했던 장례식이 끝난 뒤, 엄마가 나에게 봉투를 하나 건네셨다.

"할머니가 남겨주신 거야."

얼떨결에 봉투를 받아 들고 떠오른 건 외할머니의 전화였다. 할머니와의 통화는 늘 강렬했다. 전화를 걸어 잘 지내시는지 여쭈면 할머니는 투박한 목소리로 속사포처럼 대답하신 뒤, 최대한 빠르게 우리의 안부를 물으시고는 곧장 "끊어!"라고 하셨다. 어렸을 때는 나에게 화라도 나신 줄 알고 할머니께 전화를 거는 게 어려웠다. 엄마에게 여쭈니, 할머니가 전화비를 아끼려고 그러시는 거니 마음 쓰지 말라고 하셨다. 우리가 거는 건데 할머니 전화비가 왜 아까워요? 어린 마음에 엄마에게 물었고, 엄마는 말씀하셨다. 엄마 돈도 아껴주고 싶은 게 할머니 마음인가 봐.

외할아버지를 일찍 떠나보내시고 혼자서 7공주를 키워내신 외할머니. 당신은 늘 검소하게 사시며 한 푼도 허투루 쓰지 않으셨지만, 명절이나 특별한 날이면 꼭 손주들 용돈을 챙겨주셨다. 통화비까지 아껴가며 모으신 쌈짓돈을 그 많은 자식과 손주들에게 조금씩 남겨주신 할머니의 마음을 생각하니 속이 아려왔다.

외할머니의 용돈 봉투는 오래도록 내 서랍 속에 있었다. 봉투를 볼 때마다 자꾸 할머니의 "끊어!" 목소리가 들려오는 듯했다. 대체 이 돈을 어떻게 쓰나. 처음엔 평생 안 쓰고 간직해야겠다고 생각했다. 하지만 돈봉투의 물성은 어딘가 연약해 보였다. 어느 순간 서랍 속에서 부스러질 것만 같았고, 소리소문 없이 사라질 것도 같았다. 이내 나는 눈에 잘 보이는 커다란 물건을 사기로 마음먹었다. 오래 두고 볼 수 있는, 내가 좋아하는 물건. 기타였다.

책장 앞자리에 거치대를 두고 그 위에 기타를 세워두었다. 아끼는 물건들이 한데 모여있는 공간. 오다가다 책장 앞에 멈춰 선다. 책등을 보며 내가 하는 일을 떠올리고, 시선을 옮겨 기타를 보며 할머니를 떠올린다. 할머니의 얼굴과 눈웃음과 거친 손과 파마머리를. 만약 손녀딸이 책 쓰는 사람이 되었단 걸 아셨더라면 할머니는 어떤 반응을 보였을까, 생각하다가…

기타 위에 쌓인 먼지를 닦아낸다. 다리를 꼬고 그 위에 묵직한 기타를 올린다. 할머니의 목소리 대신 띠리리링, 기타 소리를 듣는다. 줄을 튕기면 거칠면서도 감미로운 선율이 방 안에 울려 퍼진다. 그 위에 왠지 투박하지만 다정한 외할머니의 웃음소리가 겹쳐 들리는 것 같다.

플래그
취향 공유

좋은 글을 읽다 보면 나만 알기 아깝다는 생각이 들곤 한다. 이걸 누군가에게라도 알려야 한다는 사명감이 솟구친다. 그럴 때 독서메이트 J를 찾는다. 책으로 만난 사이답게, 그녀 역시 좋은 책을 발견하면 한달음에 카톡 채팅창으로 달려와 그 반가운 소식을 알려온다. 서로 책 선물도 자주 한다. 이런 즐거움을 공유할 친구가 있어 독서 생활이 외롭지 않다.

우리가 책 추천을 주고받는 속도가 공평하진 않다. 나는 책 읽는 속도가 원체 느린 데다 조금이라도 어려운 책을 만나면 독서 시간이 무한대로 늘어진다. 책 분야 역시 조금씩 늘려가고는 있지만 아직은 독서의 폭이 좁다. 반면 J는 에세이, 소설, 철학, 인문학, 과학까지 방대한 영역의 책을 모두 섭렵한다. 고전 책부터 현대 책까지, 얇은 책부터 벽돌 책까지 가리지 않는다. 문과 출신임에도 다윈의 『종의 기원』을 읽었다는 말을 들었을 땐 박수가 절로 나왔다. 한 달에 몇 권이나 읽는지 궁금하다. 확실한 건 그녀가 의심의 여지 없는 다독가라는 것.

그 너른 독서 경험과 안목, 좋은 건 무조건 나누고 싶어 하는 다정한 마음이 모여 나에게 추천 도서로 날아온다. 그 목록이 나에게는 어찌나 보물 같은지 모른다.

나도 그에 보답하고 싶은 마음이 크다. 하지만 독서 수준과 속도에 차이가 나다 보니 내 곳간은 금세 바닥을 드러내곤 한다. 안 그래도 느림보 거북이처럼 읽는데, 그 책이 괜찮은 책이 아닌 경우 나는 몇 달이고 추천할 책이 없다. 게다가 나의 소심한 성격도 한몫한다. 아무리 재미있게 읽은 책이라 해도, 막상 취향을 많이 탈 것 같으면 오래도록 추천을 망설이게 된다.

얼마 전에 딱 그런 책을 읽었다. 나는 재미있게 읽었지만 호불호가 있을 만한 책. 이 책을 재미있게 읽었다고 밝히기가 왠지 부끄러운 책. 이걸 추천을 해, 말아? 고민하다가 영화 〈비긴 어게인〉의 한 장면을 떠올렸다. 영화 속에서 댄(마크 러팔로)이 그레타(키이라 나이틀리)에게 묻는다.

― 너의 핸드폰에는 어떤 음악이 들어 있어?

그레타가 난감한 표정으로 답한다.

― 내 재생 목록에는 접근 금지예요. 창피하고 죄스러운 곡이 많이 들어 있어요.

― 내 것도 그래. 무엇을 듣는지를 보면 그 사람을 알 수 있지.

― 알아요. 그래서 두려운 거예요.

누군가와 내 취향을 공유하려 할 때면 이들의 대화가 떠오른다. 나도 그레타와 마찬가지로 플레이리스트나 독서 리스트를 누군가에게 보여주는 게 부끄러울 때가 있다. 감명 깊게 읽은 책을 가끔 엄마에게 빌려드리는데, 그때도 나는 망설인다. 그 소설에 이상한 장면이 있진 않았나. 혹시 나에게만 좋은 책인 건 아닐까. 밑줄이라도 그은 책을 타인에게 보여줄 때면 나의 내밀한 취향까지 들키는 것 같아 더욱더 민망하다. 남에게 내가 좋아하는 걸 '기꺼이' 추천하는 일은 생각보다 쉽지 않다.

이런 내게 J가 뜻밖의 용기를 불어넣어주었다. 어느 날 그녀는 내게 새 책이 아닌 헌책 선물도 괜찮은지 물었다. 헌책 좋아한다고 답했더니, 추천 책 몇 권을 택배로 보내주었다. 새 책을 사서 깨끗이 읽고 보내준 거라 헌책이라고 보기도 어려웠지만, 책의 오른쪽 옆구리에는 플래그가 빽빽이 튀어나와 있었다. J가 인상 깊게 읽은 페이지나 구절들을 표시해둔 플래그였다.

 새 책과는 비교할 수 없을 만큼 좋았다. 책을 추천해주는 것도 모자라 그 속의 어떤 문장, 어떤 장면이 좋았는지 속속들이 공유하는 J의 마음이 나에게 직행열차처럼 곧게 와 닿았다. 그녀 역시 이 부분에서 시선이 머물렀구나. 책을 읽는 내내 J의 취향과 나의 취향이 어디에서 만나는지 확인할 수 있었다. 어릴 적 친구들과 숨김없이 마음을 적어내던 공유 일기를 보는 듯했다. 정작 J의 글씨는 전혀 없었는데도 말이다. 플래그가 잔뜩 붙은 그녀의 책 선물은 낭만 그 자체였다.

앞서 소개한 영화 〈비긴 어게인〉 장면의 끝에서, 그레타는 결국 졌다는 듯 웃으며 댄에게 말한다. "알겠어요. 한번 해보죠!" 댄과 그레타는 Y잭으로 이어폰을 연결하여 각자의 귀에 꽂은 다음, 함께 음악을 들으며 뉴욕 거리를 누빈다. 음악을 통해 정서적으로 깊이 교감하는 둘의 모습이 고스란히 담긴 이 장면은 〈비긴 어게인〉의 명장면으로 꼽힌다. 플레이리스트를 공유하는 순간, 그레타는 댄에게 자신의 마음으로 들어오는 열쇠를 내민 것과 다름없다. 만일 그녀가 끝까지 자신의 취향 상자를 감추었다면 둘이 가까워지는 데에는 훨씬 오랜 시간이 걸렸을 것이다.

기꺼이 마음을 열고 취향을 드러낼 때 관계는 비로소 두터워질 수 있다. 나 역시 그레타처럼, J처럼 용기를 내보려 한다. 행여 내가 드러낸 취향이 상대방과 다르면 또 어떠한가. 그것 역시 서로를 알아가는 과정인 것을.

명패
복제

 현관문 밖에 붙어 있던 '606호' 명패가 뚝, 떨어져버렸다. 이걸 어떻게 다시 붙이나 고민하며 현관문을 바라보았는데, 명패가 떨어진 우리 집 문에서는 다른 집과 구별되는 그 어떤 특징도 찾을 수 없었다. 똑같은 집들이 층층이 쌓여 있는 아파트. 부실한 플라스틱 명패만이 이 집이 우리 집이라는 걸 알려주는구나. 이 무미건조하고 딱딱하고 기하학적인 건물의 향연이 문득 불편해졌다.

 엉뚱한 생각도 들었다. 만약 아파트 현관문의 명패가 죄다 떨어져버린다면, 과연 우리는 자신의 집에 제대로 찾아갈 수 있을까. 영화 〈매트릭스2〉 속에서 복제되는 악당들처럼 똑같은 키, 똑같은 얼굴, 똑같은 선글라스, 똑같은 정장의 사람들이 똑같은 간격으로 쭉 서 있다. 그들을 구분할 방법은 명찰뿐. 만약 명찰을 잃어버린다면 그들의 정체성은 무엇으로 설명할 수 있을까?

 그래도 현관문을 열면 나만의 공간이 펼쳐진다. 이웃집에도 각기 다른 숫자의, 다른 성격을 가진 식구들이 각자의 방식으로 집을 꾸미며 산다. 그리고 원하든 원하지 않든 그 특징을 이웃과 조금씩 공유한다. 윗집에 사는 남학생은 올해 성인이 되었지만, 여전히 욕실에서 열창을 하고 새벽까지 축구 경기를 보며 소리를 질러댄다. 옆집 사는 신혼부부는 출퇴근하느라 바빠서 집에 있는 시간이 거의 없는 듯하다. 그들과 가끔 엘리베이터에서 마주치면 어색하게 인사를 나눈다. 우리 집 강아지가 나와 남편을 반기며 낑낑거리는 소리를 아랫집 식구들이 듣는다. 그걸 듣고 '아, 윗집 분들 지금 귀가하셨구나'라고 생각하신다고 했다. 이웃들은 이렇게 간접적으로나마 서로 소통하면서 산다.

난 평생 아파트에 살았고 그때마다 옆집, 윗집, 아랫집에 사람이 살았다. 있으나 마나 한 것 같아도 이웃의 존재감은 의외로 크다. 층간 소음으로 짜증이 날 때도 있지만, 이웃들 덕에 집이 따뜻해지고(마음이 따뜻해진다는 뜻이라기보단 말 그대로 윗집과 아랫집 덕분에 집 온도가 올라간다는 뜻이다), 다양한 얼굴을 보고, 사람 사는 냄새도 맡으며 살아간다.

 저출산으로 인구수는 빠르게 줄고 있다. 넘쳐나는 인간으로 인해 몸살을 앓고 있는 지구의 건강을 생각하면 이 상황이 오히려 반가울 때도 있다. 하지만 아이러니하게도, 여전히 대한민국 방방곡곡 어디를 가도 아파트 건설 현장이 가득하다. 자연을 파괴하고 땅을 고른 뒤 그 위에 똑같은 고층 아파트들을 기계처럼 복제하고 있다. 그런 현장을 볼 때마다 마음이 불편하다. 사람은 계속 줄어드는데 이 넘쳐나는 아파트에 대체 누가 사나.

 인구는 줄고 줄어 언젠가는 그 많은 아파트에도 빈집이 생길 것이다. 한 층에 한 가구만 살거나, 아예 사람이 살지 않는 층도 생기겠지. 복제된 세상 속, 특징도 없이 복사, 붙여넣기된 집들 사이에서 띄엄띄엄 공간을 채워가며 사는 이들은 어찌나 춥고 고독할까. 남겨진 이들은 혼자만의 자유로움에 후련하다가도, 주변에 사람이 살지 않는 그 공허함 속에서 문득문득, 얼마나 쓸쓸해질지. 이웃과 당연하게 부대끼며 살고 있는 나로서는 아직 잘 상상이 안 된다.

당근마켓
엄마의 늦바람

 김장하는 날 친정집에 갔다. 현관문을 열자마자 엄마가 다급하게 나를 부르시기에, 겉옷을 대충 벗어 던진 채 잰걸음으로 부엌을 향했다. 양손에 고무장갑을 끼고 김치 양념을 버무리던 엄마는 턱으로 테이블 위의 핸드폰을 가리키셨다. 당근마켓인지 뭔지를 처음 켜봤는데 마음에 쏙 드는 그림이 있다고, 그런데 어떻게 하는 건지 모르겠다고. 고새 팔려버리면 어쩌냐며 발을 동동 구르셨다.
 "아이, 참. 엄마. 저 손부터 씻을게요."
 "아차차. 얼른 씻고 와, 얼른!"
 손을 씻고 나온 나는 엄마의 조급한 마음도 몰라준 채 고무장갑부터 찾았다.
 "아니, 판매자한테 얼른 문의부터 해줘."
 "김치는?"
 "엄마가 준비 다 해놨지. 그러니까 너는 그것부터 해주면 돼."

어쩔 줄 몰라 하는 엄마의 모습이 사뭇 귀여웠다. 핸드폰 화면을 들여다보니 작자 미상의 꽃 그림 액자가 올라와 있었다. 한눈에 보아도 엄마 취향에 꼭 맞는 그림이라는 걸 알 수 있었다.

"오, 엄마. 이거 괜찮은데요?"

"그치? 게다가 판화라잖아. 근데 가격이 안 나와 있어."

엄마 말이 맞았다. 아무리 뒤져보아도 가격이 없는데, 그렇다고 '나눔' 표시도 없었다. 얼마인지 묻는 쪽지를 보냈지만 답장이 없었다. 김장하는 내내 핸드폰이 울리기만 하면 엄마는 "답장 왔니?" 하고 물으셨다. 같이 배춧잎을 한 장씩 들어 올리며 김칫소를 넣으면서도 엄마의 마음은 당근밭에 가 있었다. 혹시 공짜로 내놓으신 건가? 엄마는 공짜가 더 불편한데. 차라리 돈 받으셨으면 좋겠어. 그런데 아직도 답장이 없는 걸 보면 (보낸 지 30분도 지나지 않았을 때부터 이 이야기를 하셨다) 이미 팔린 건가 봐. 그러지 않고서야 이렇게 답장이 안 올 수가 있어? 한

번만 더 물어봐. 정말 마음에 든다고, 사고 싶다고…. 종알종알 쉴 틈 없이 걱정을 늘어놓는 엄마에게 설명했다.

"엄마. 당근에서는 물건이 팔리면 '판매 완료' 표시를 해두는 게 매너예요. 아무리 늦어도 답장은 하는 게 맞고. 이건 아직 안 팔린 걸 거야. 너무 걱정하지 말고 기다려보세요."

당당하게 말씀드렸지만, 엄마와 몇 시간 동안 허리를 땅땅 두드려가며 김장을 하고 김치통에 담고 겉절이를 하고 설거지를 하고 수육을 맛보는 동안에도 답장은 오지 않았다. 친정집을 떠나려는데 엄마의 얼굴에는 아쉬움이 가득했다.

"엄마. 만약 답장 오면 엄마가 잘 물어보고 약속 잡으시면 돼요. 모르는 거 생기면 연락 주세요."

어린아이를 놀이터에 두고 오듯 마음에 걸렸지만, 이젠 쿠팡도 카톡도 잘하시는 엄마가 당근이라고 못할 이유가 뭐가 있겠나 싶었다. 몇 시간 뒤 엄마로부터 카톡이 왔다.

"내일 3만 원에 사기로 했어. 문 앞에 둘 테니 찾아가고 송금

하라고 하네? 신난다!"

 몇 주 뒤 친정집에 갔더니 거실 벽에 그 그림이 걸려 있었다. 엄마는 그림을 볼 때마다 기분이 좋아진다며 꺄르륵 웃으셨다. 볕이 엄마 집 베란다를 꽉 채울 기세로 넘실대며 들어오면, 엄마가 애정을 담아 가꾸는 알록달록한 꽃들이 온기를 먼저 머금고, 그 볕이 베란다 유리창을 지나 집 안으로 들어오면, 차분한 보라색과 붉은색과 하늘색 꽃 그림이 그다음 차례를 기다리며 햇빛 샤워를 받고 있었다. 어딘가 모르게 엄마를 닮은 그림. 주인을 정말 잘 만났구나, 생각했다.

 역시나 엄마는 당근마켓에 재미를 붙였다. 몇 년 전 당근마켓이 처음 유행하기 시작했을 때, 한 친구가 하루가 멀다 하고 "나 오늘도 엄마가 부탁한 당근 거래하러 나가"라고 말했던 기억이 났다. 늦바람이 무섭다고 엄마도 허구한 날 당근마켓만 들여다보고 계신 거 아닌가 걱정도 되었지만, 안 쓰는 물건들을 정리할 수 있다는 건 분명 좋은 일이었다. "필요 없는 거 잘 팔아서 용돈벌이라도 해보세요." 나는 엄마에게 얘기했고, 엄마는 "안 그래도 요즘 팔 거 없나 집 구석구석 뒤져보고 다니는 중!" 하고 장난스레 답하셨다.

엄마에게 전화를 걸면, 엄마는 재미난 게임에 입문한 사람처럼 달뜬 목소리로 최근 있었던 당근 거래 이야기들을 해주셨다. 그러다 하루는 "엄마 요즘은 사진도 제법 잘 찍는다?" 하고 자랑하시더니, 직접 올린 당근마켓 게시물의 링크를 보내주셨다. '바닷바람'이라는 닉네임에, 그럴듯하게 진열해둔 장식품 사진. 그 아래 곰살궂은 문구까지.

— 오래되었지만 변하지 않고 그대로입니다. 좋은 마음으로 가져가실 주인을 기다립니다.

엄마가 올려놓은 다른 물건들을 훔쳐보니 용돈벌이는커녕, 좋은 물건을 최대한 깨끗하게 닦아서 예쁘게 찍은 다음 나눔을 하거나 저렴한 가격에 내놓고 계셨다. 다소곳이 정리하여 내놓은 엄마의 살림 속에는 왠지 엄마가 담겨 있는 것처럼 보였다. 엄마는 이야기하셨다. 돈을 벌기 위함이라기보단, 필요 없어진 물건이 새로운 주인을 만나면 그 의미를 되찾게 되니 뜻깊은 거라고. 내 주변을 정리하면서 가벼워지는 것도, 환경 문제에 도움이 되는 것도 참 좋다고.

  엄마는 당근마켓을 통해 새로운 세상을 보고 있다고 했다. 원래는 관심 있고 익숙한 것들만 봐오곤 했는데, 남녀노소의 관심사가 무엇인지 알게 되었다고. 남의 살림을 구경하는 재미도 쏠쏠하다고 하셨다. "엄마 오늘도 당근하러 간다!", "오늘은 만 원 벌었어!" 엄마가 그런 말씀을 하실 때면 정성 들여서 물건을 닦고, 양지바른 장소를 찾아 사진을 찍고, 널 필요로 하는 새 주인을 만나 그 몫을 다해달라며 다정한 주문을 거는 엄마의 모습이 떠오른다. 엄마의 살림살이는 그렇게 조금씩 비워지고, 또 필요한 물건들로 다시 채워지는 일을 반복하고 있을 것이다.

바늘
미련함

 만약 이 세상에 '할 말 참기 대회'가 열린다면, 난 못해도 동메달은 딸 것이다. 물론, 나도 꼭 해야 하는 말은 하고 산다. 하지만 여러 경우를 일일이 따져본 뒤에야 겨우 입 밖으로 꺼내는 편이다. 상대가 처한 상황이나 마음 상태를 살피고, 이 이야기를 들었을 때 어떤 기분일지 생각해본다. 이게 꼭 해야 할 말인지, 안 해도 괜찮은지, 나의 의견이 합당한 것인지 고려하고 나면 그제야 말 꺼낼 용기가 생긴다. 이 말인즉, 갑작스러운 상황일 때나 모르는 사람 앞에서는 말을 더 못 한다는 뜻이다.

 식당에서 내어준 반찬에 정체불명의 비닐이 같이 썰려 나와도 고민하다가 말 못 한다. 밥 먹는데 에어컨이 너무 빵빵해서 덜덜 떨다 체할 것 같은데도 쉽사리 종업원을 부르지 못한다. 종업원이 바빠 보이면 바빠 보여서 못 부르고, 한가로워 보이면 또 그런 이유로 못 부른다. 별거 아닌 일로 괜히 번거롭게 하는 것 같아서. 남들은 시원해서 좋아할지도 모르는

데 나 춥다고 에어컨을 꺼달라 하는 게 맞나 싶어서. 휴, 생각이 많아도 너무 많다.

병원에 며칠 입원했을 때는 이런 일도 있었다. 링거 주사는 3일에 한 번 그 위치를 바꿔줘야 하는데, 어떤 초보 간호사 선생님이 그 일을 맡게 되었다. 그녀는 주사 놓겠다고 새벽 4시에 나를 깨우고는 10분이 넘도록 주사 놓을 자리를 못 찾았다. 나의 오른팔 여기저기를 손가락으로 꾹꾹 눌러보고, 때려도 보고, 뒤집어도 보다가, 왼팔 주세요, 하더니 왼팔도 똑같이 한참 누르고 때리고 뒤집고 주물렀다. 내 팔은 주사 놓기 쉽다는 말만 들어왔던 터라 당황스러웠고, 무엇보다 바늘 찔릴 준비를 오래 했더니 공포감이 밀려왔다. 하지만 나는 실수투성이였던 나의 사회 초년생 시절을 떠올렸다. 그래, 다 서툰 때가 있는 거지. 본인은 얼마나 부담스럽겠어. 참자. 끝까지 아무 말 없이 기다렸고, 다행히 그녀는 나름 성공적으로(그렇지만 팔을 움직이면 아픈 부위에) 주사를 놓았다.

그러고 나서 그녀는 내 옆 환자에게로 넘어갔다. 과연 저 친구 핏줄은 잘 찾으려나. 숨죽인 채 귀를 한껏 열었다. 역시나 그녀는 거기에서도 한참 부스럭거렸는데, 환자는 3분도 채 되지 않아 입을 열었다. "저 너무 무서워서 그런데요. 다른 선생님이 놔주시면 안 될까요?"

그 말을 듣자마자 '와, 아무리 그래도 다른 선생님을 불러달라고 한다니. 저 친구 당차네.' 생각했지만, 마음 한구석에서는 어떤 통쾌함을 느꼈다. 그 친구처럼 솔직히 말하는 게 마땅하다고 느끼기도 했다. 이런 걸 보면 나는 타인을 정말 배려해서 참는다기보다는, 그저 용기가 부족한 것 같기도 하다.

속 터지는 이야기는 아직 끝나지 않았다. 또 바늘 찌르는 이야기가 하나 더 남았다. 몇 개월간 한의원에서 침 치료를 받은 적 있다. 어느 날 종아리에 침을 하나 맞았는데, 맞는 순간 찌릿하며 몸이 살짝 펄떡였다. 그럼에도 선생님은 태연하게 나머지 부위에 빠르게 침을 놓고 가셨다. 찌릿했던 그 부위는 계속 뻐근하게 아팠고, 다리를 조금만 움직여도 통증이 심해져서 온몸을 긴장한 채 한 자세로만 버텨야 했다. 뻐근함은 점점 침을 맞은 부위를 넘어 발까지 이어졌다. 원래 이렇게 아플 수도 있는 건가? 다들 아파도 참는 건가? 그래도 불편하니 선생님을 불러야 하나? 물음표가 머릿속을 가득 채웠고, '이러다 다리가 마비라도 되는 거 아니야?' 하는 무서운 생각이 들 때까지 나는 미련하게 참았다. 마침 간호사 선생님이 나의 옆쪽으로 오시기에 그제야 말을 꺼냈다.

"선생님, 아까 침 맞은 부위가 뻐근하고 아픈데요. 이거 괜찮은 건가요?"

내 질문에 간호사 선생님은 하시던 일을 제쳐두고 부랴부랴 침을 빼주었다. 심지어 치료가 모두 끝난 뒤 계산하고 병원을 나서려는데, 한의사 선생님이 따라 나오셔서 괜찮냐고 물었다. 침놓을 때 옆에 있는 근육을 잘못 건드린 것 같다며 사과

하셨다. 아, 이거 괜찮은 게 아니었구나. 그날 나는 나의 미련함에 치를 떨며 집에 왔다. 할 말을 제때 하고 사는 사람들이 미치도록 부러웠다. 왜 나는 30대 중반이 되어서도 수업 중에 화장실 가고 싶다고 말 못 하는 아이처럼 살고 있을까. 스스로가 한심하고 답답하고 미웠지만, 어느 정도는 어쩔 수 없이 안고 가야 하는 나의 모습이기도 했다. 잘못 찌른 바늘이 내 마음까지 콕콕 쪼는 것 같았다.

TV 프로그램 〈위기 탈출 넘버원〉을 보면 이래도 사망, 저래도 사망이다. 음주 후 양치질을 안 해서 사망, 코털을 많이 뽑아서 사망, 딸꾹질 멈추려다가 사망, 선글라스를 벗다가 강렬한 햇빛에 놀라 사망. 거기에 '바늘을 잘못 맞았으나 말 못 해서 사망'이라는 사례가 추가되지 않아 다행일 따름이다. …라며 웃어넘겨 본다. 이렇게 얼렁뚱땅 넘어갈 줄 아는 것 역시 내 모습이니, 그래도 나 자신을 마냥 미워하지만은 않으련다.

유통기한

 냉장고에서 유통기한이 나흘 지난 두부를 꺼내 냄새를 맡아보았다. 멀쩡하길래 다행이다 생각하며 프라이팬에 기름 두르고 노릇하게 부쳐 먹었다. 주식이 두부라고 말할 만큼 두부를 좋아하는 나지만, 뇌리에 박힌 유통기한 숫자는 괜히 두부 맛까지 떨어뜨렸다. 쉬지 않았는데 괜히 어디선가 쉰내가 나는 듯한 기분. 이걸 먹고 배가 아프면 어쩌지. 뭉게뭉게 올라오는 걱정을 휘휘 휘저으며 조금 찜찜하게 식사를 마쳤다.
 살림하다 보면 이런 일이 자주 생긴다. 소중한 식재료를 제때 잘 챙겨 먹으면 좋을 텐데 쉽지가 않다. 대놓고 곰팡이가 핀 음식은 눈물을 머금고 버리지만, 유통기한이 지났어도 괜찮아 보이는 음식을 발견하면 어김없이 고민에 빠진다. 특히 달걀, 요거트, 과자, 후추, 식초, 파슬리 같은 것들이 그렇다.
 '유통기한 지난 □□'를 검색해보면, 유통기한은 판매할 수 있는 기간일 뿐 실제로는 그보다 더 오래 먹어도 된다는 전문가의 의견이 흔히 보인다. 달걀은 보관만 잘하면 유통기한으로부터 3주 정도가 지나도 괜찮다고 한다. 두부는 개봉하지 않았을 경우 무려 90일까지 먹을 수 있다는 말도 있다. 즉, 유통기한이 지난 음식도 주관적인 판단하에 먹을 수 있는 경우가 많다. 하지만 유통기한이라는 낙인이 포장지에 찍히는 순간, 음식의 수명은 그때까지로 국한된다.

  세상살이 역시 비슷한 것 같다. 사람들에게 유통기한 딱지를 붙이고는 그에 맞추어 살도록 기대한다. "뭐든지 다 때가 있는 거야"라는 말이 딱 그렇다. 세상의 고정관념에 따르면, 10대 때는 책상에 바투 앉아 공부에 전념해야 한다. 너 지금 공부 안 하면 나중에 인생 힘들어지는 거야, 같은 말을 어른들은 서슴없이 한다. 아이들이 좋은 대학에 가는 것을 인생의 목표로 삼게 하고, 세상을 제대로 경험할 기회는 주지 않으면서 자꾸 꿈이 뭐냐고만 묻는다.

  20대가 되고 나면 성인으로서 어느 정도 자유가 주어지지만, 결국 스펙을 쌓고 좋은 곳에 취직하는 게 또 하나의 목표가 된다. 사회에 나가 잘 적응하는 게 미덕으로 여겨지는 시기이기도 하다. 이러한 분위기 때문에 20대 후반에 직업을 갖지 않은 이들은 '늦은 사람'으로 치부된다. 앞으로의 가능성이 무궁무진한 젊은 나이임에도 그들이 직업을 바꾸거나 새로운 걸 도전하려 할 때 세상은 그리 호의적이지 않다. 참을성 없는 사람이라는 눈초리로 대하기도 한다.

그렇게 30대가 되면 결혼하고 아이를 낳는 것이 통념으로 여겨진다. 그 뒤로는 또 어떤 것들이 따라오는지 나는 잘 모르지만, 아마 아이를 낳고 나면 또 그 아이를 훌륭하게 기르는 것이, 가정을 안정적으로 꾸리고 노후 준비를 잘하는 것이, 자녀가 몇 살이 되기 전에 결혼을 시키는 것이, 마치 마감 기한이 있는 과제처럼 줄줄이 주어질 것이다.

TV에서 "너는 언제 결혼할 거니?"라는 가족들의 질문이 싫어서 명절에 본가에 가지 않는다는 이들의 인터뷰를 종종 본다. 옛날보다는 유연해지긴 했지만, 사회는 여전히 사람들에게 기한을 규정해 둔 채 그 시기를 넘긴 이들을 시든 꽃처럼 바라본다. 그런 시선 사이에서 우리가 자주적으로 행동하며 살아가기란 쉽지 않다.

  하지만 정해진 '때'란 없다. 모든 선택은 개인의 것이고, 우리는 주위에서 하는 다양한 선택을 더 너른 마음으로 수용할 필요가 있다. 얼마 전에는 80대에 심리학 학사 학위를 취득했다는 할머니의 인터뷰를 보았다. 학교 공부는 10대, 20대 때나 하는 것처럼 여겨지지만, 80대가 되어서도 20대처럼 공부할 수 있다는 걸 할머니는 몸소 보여주신다. 오히려 80대이기에 더 지혜롭고 절실하게, 무엇보다 기쁘게 공부에 임하셨을지 모른다. '제때 공부해야 했는데. 이미 유통기한이 지났으니 난 못 해'라고 단정 짓는 순간 가능성의 문은 닫힌다. 못난 사회가 굳게 닫아놓은 문을 힘차게 열고 나갈지는 결국 본인의 의지에 달렸다.

비상등

 운전할 때, 다른 차 앞으로 차선을 변경한 뒤에는 꼭 비상등을 켠다. 깜빡, 깜빡, 깜빡. 도로 위에서 고마움과 미안함을 표현할 때 쓰는 신호. 고마움과 미안함은 꼭 그때그때 표현해야만 직성이 풀리는 나로서는 이 신호를 애용한다. 이 문화가 모든 나라에 있는 건 아니라고 한다. 그럼 다른 나라에서 운전을 하다가 고마울 때는 어떻게 표현해야 하나. 창문을 열고 고맙다고 손을 흔드는 나를 상상한다. 생각만으로도 쑥스럽다. 우리나라에는 마음만 먹으면 쓸 수 있는 깜빡이 문화가 있어 다행일 따름이다.

 가끔은 여기에 더 욕심이 난다. '나의 비상등은 왜 뒤차만 볼 수 있는 걸까. 앞차에게 깜빡이를 보여줄 방법은 없을까.' 물론 앞차에게 고마움을 표현할 일은 거의 없지만, 그런 생각이 들 만큼 고마운 순간이 이따금 찾아온다.

 칙칙한 날씨에 소위 '칼치기'가 난무하던 어느 출근 시간 도로였다. 모든 차가 예민해져 있던 때였다. 옆 라인에 서 있던 택시가 내 차 앞으로 차선 변경을 했다. 워낙 부드럽게 들어오기에 신경 쓰지 않았는데, 택시의 비상등에 불이 들어왔다. '에이, 뭘 이 정도 가지고 비상등까지 켜주시나. 감사해라!' 하고 생각하고 있는데, 택시 운전석 창문으로 스윽 팔이 튀어나왔다.

박자에 맞추듯 아주 천천히.

손바닥 인사, 엄지척, 그리고 다시 손바닥.

그 제스처가 어찌나 강단 있게 이루어졌는지. 손짓 하나하나에 기사님의 말소리가 선명하게 들리는 듯했다.

'실례했습니다. 양보해준 당신 최고예요. 좋은 하루 보내세요!'

육성으로 웃음이 나왔다. 나도 어떻게든 답신을 드리고 싶었지만 방법이 없었다. 그저 뒤에서 최대한 매너를 지키며 운전하는 수밖에.

택시의 뒷모습을 바라보며 운전하는 동안 생각했다. 기사님은 종일 도로를 누비며 얼마나 많은 이들의 하루를 즐겁게 만들어주실까. 깜빡, 깜빡, 깜빡. 비상등만으로는 절대 할 수 없는 근사한 인사를 받은 나의 출근길이 특별해졌다.

호떡 트럭

 길고 긴 여름. 몸과 마음 모두 실온에 오래 꺼내놓은 아이스크림처럼 흐물 끈적하게 녹아내렸다. 그러다 살살 불어오기 시작한 건조한 바람. 드디어 가을이 오고 있음에 기뻐하며 제습기를 창고에 들여놓던 그때, 베란다 창문 밖으로 반가운 트럭이 눈에 들어왔다.

 "호떡이다!"

 트럭 앞 유리 위에 '호떡'이라고 적힌 빨간 네온사인이 조악하게 깜빡이고 있었다. 매년 겨울, 매주 화요일마다 나를 유혹하는 찹쌀호떡 트럭. 그 고소하고 달콤한 냄새는 멀리서부터 나의 발꿈치를 붙들어 잡아당긴다. 나도 모르게 이끌려 줄을 서면, 호떡이 구워지는 모습을 처음부터 끝까지 생생하게 구경할 수 있다. 아저씨가 손에 쩍쩍 들러붙는 쫀득한 반죽을 동그랗게 굴리고, 그 안에 땅콩과 설탕을 한 스푼 크게 넣어 여민다. 기름에 퐁당. 반죽 주변으로 기름방울들이 보글보글 끓어오른다. 호떡들은 적절한 타이밍에 둥글납작한 도구로 꾹꾹 눌린다. 어찌나 잘 튀겨지는지, 호떡 속이 부풀어 올라 UFO 모양이 되기도 한다. 아저씨는 다 튀겨진 호떡을 건져 기름기를 툭툭 털은 뒤 우리 앞쪽에 놓아주신다. 손이 바쁜 아저씨를 대신하여 포장은 손님 몫이다. 집게로 호떡을 집어 매끈한 광천김 포장지에 하나하나 담거나, 종이컵에 담아 바로 먹기도 한다. 도톰한 호떡을 한입 베어 무는 순간 바삭 소리가 나는데, 그 속은 쫀득하니 찰지고, 오물오물 씹다 보면 달콤한 소가 배어 나온다. 가끔 오돌오돌 씹히는 고소한 땅콩까지. 심심할 틈을 허용하지 않는 치밀한 계획이 찹쌀호떡 안에 들어 있다.

상상만으로도 군침이 넘어간다. 하지만 김빠지게 고백하건대, 나는 맛있는 호떡을 자랑하고자 이 글을 쓰고 있는 것이 아니다. 또 고백하건대, 차라리 내가 맛있는 호떡을 자랑하고자 그저 속없이 이 글을 쓰고 있길 바라는 바이다….

사실 호떡 트럭을 보자마자 설렘보다 더 먼저 불쑥 올라온 감정이 있었다. 호기심과 걱정이었다. 가을이 되어야만 찾아오는 호떡 아저씨는 더운 날엔 과연 무엇을 하며 지내실까. 유독 더웠던 올여름엔 어떤 일을 하셨으려나. 덜 뜨거운 길거리 음식을 파셨을까? 호떡 장사가 너무 잘돼서 여름엔 쉬시는 거라면 좋겠건만.

365일 한곳에 정착하지 못하고 계절과 해에 따라 이 일과 저 일을 왔다 갔다 하며 살고 있는 나로서는, 매년 철새처럼 나타나는 호떡 아저씨의 입장을 궁금해하지 않을 수 없었다. 그 뒤에 따라온 생각들. 아유, 언제 이렇게 징그러운 어른이 되어버렸냐. 호떡 트럭을 보며 마냥 신나고, 호떡 굽는 걸 보며 군침부터 삼키는 아이가 아니라, 무턱대고 호떡 아저씨의 지갑 사정부터 걱정하는 어른이. 됐다, 됐어. 쓸데없는 생각 말고 내 걱정이나 하자.

이제 나는 모르는 얼굴 속에서도 그들의 서사를 읽으려 든다. 그래도 아직 아이 같은 마음이 남아 있긴 하다. '호떡 아저씨가 잘 먹고 잘살아야 내가 매년 맛있는 호떡을 먹을 수 있

지! 그러니 이런 걱정은 합당한 거야.'

  쓸데가 없지만은 않은 걱정 뒤에 따라오는 반가움과 설렘을 만끽해본다. 이번 겨울 역시 화요일마다 호떡 트럭을 손꼽아 기다릴 거라는 계획과 함께.

빛
조력자

개미를 볼 때면 떠오르는 에피소드가 하나 있다.

어렸을 적, 친한 언니와 동네 놀이터에 철퍼덕 앉아서 모래를 쌓아 올리며 놀고 있었다. 반팔을 입고 있었으니 아마 여름이었을 거다. 불현듯, 엄청나게 큰 개미가 내 손을 타고 올라왔다.

"으아아아악! 언니! 나 어떡해!"

당황한 나는 소리를 질렀고, 개미가 손가락에서 손등으로, 손등에서 손목으로, 손목에서 팔뚝까지 올라가는 걸 보며 완전히 혼비백산했다. 상황을 파악한 언니가 나를 도와주려 다가왔지만, 공포에 질린 나는 언니의 도움을 기다리지 못한 채 일어나서 팔을 사정없이 털기 시작했다. 내 팔뚝을 끈덕지게 잡고 있던 개미는 결국 떨어져나갔다. 휴, 다행이다. 간 떨어지는 줄 알았네. 한숨을 쉬며 고개를 들었는데, 언니의 얼굴이 심상치 않았다. 어, 어…?

"아무래도 내 귀에 들어간 것 같아."

심장이 덜컥 내려앉았다. 언니는 한쪽 귀를 아래쪽으로 향하도록 얼굴을 기울인 채 손바닥으로 귀를 때리며 방방 뛰었다. 그때의 당황스러움, 미안함, 두려움, 막막함은 지금 떠올려도 아찔하다. 언니가 아무리 힘껏 털어보아도 개미는 나오지 않았고, 나는 울먹거리며 미안하다는 말만 반복했다. 결국 언니는 집으로 빠르게 뛰어갔다. 나는 굳게 닫힌 언니 집의 문 앞에서 발을 한참 동동거리다가, 내가 할 수 있는 게 없어서 결국 터덜터덜 집으로 돌아와 전화벨이 울리기만 기다렸다.

나중에 들어보니 언니는 결국 병원에 갔고, 무슨 짓을 해도 보이지 않던 개미는 귓속에 빛을 비추어주니 알아서 기어 나왔다고 한다. 내가 의도한 건 아니었지만 언니에게도, 개미에게도 몹쓸 짓을 한 것 같아 오래도록 마음이 무거웠다. 언니에게 여러 번 사과했고, 언니는 네 탓이 아니라며 마음 쓰지 말라고 했다. 어쩔 수 없는 일을 어쩔 수 없는 것으로 받아들이기 쉽지 않은 나이였다. 그럼에도 언니는 넓은 아량으로 나를 용서했다.

언니와는 그렇게 잘 해결했지만, 개미에게는 사과를 건넬 수 없었다. 개미는 그저 눈앞에 보이는 손 위에 올라탔을 뿐인데 갑자기 엄청난 소음과 지진을 견뎌내야 했을 것이고, 이내 공중으로 튕겨 나간 뒤 정신 차려보니 컴컴하고 좁은 공간에 들어와 있었을 것이다. 산전수전 다 겪은 뒤 길까지 잃어버린 그 개미가 마침내 빛을 발견했을 때는 얼마나 반가웠을까. 다른 존재에 워낙 감정이입을 잘하는 편이라 그런가. 막막한 상황 속에 갇힐 때면, 빛을 따라 밖으로 빠져나왔다던 그 개미가 가끔 떠오른다.

살다 보면 누구든 길 잃은 개미처럼 어두컴컴한 순간들을 맞이한다. 그곳에서 빠져나가기 위해 씨름하다 보면 불을 밝혀주는 무언가를 만나기도 한다. 우리가 '한 줄기 빛'이라고 칭하는 그 존재들은, 거의 구세주와 같은 뉘앙스를 풍기지만 사실 우리 주변에 생각보다 잔잔하게 상주해 있다.

  소설 작법서나 강의를 보다 보면 주로 강조하는 내용이 있다. 소설 속 인물은 어떠한 사건을 만나 통과한 뒤 결국 변화해야 한다는 것이다. 현대 소설에서는 그 변화가 극적이진 않지만, 작든 크든 인물에게 어떠한 변화가 생겨야만 소설이라고 인정한다. 이때, 인물은 스스로 사건을 해결하려 분투하지만 어느 정도는 조력자의 도움을 받게 된다. 혼자만 잘나서 모든 일을 다 헤쳐나가는 인물은 매력도 없고 현실감도 없다.

  인생도 소설의 구조와 비슷하다. 소설이 삶과 비슷한 것인지, 삶이 소설과 비슷한 것인지 그 순서를 따진다면 삶이 먼저겠지만. 어쨌든, 난관을 헤쳐나가는 데 있어 스스로의 노력이 가장 중요하다는 건 부정할 수 없다. 하지만 혼자만의 생각과 판단만으로는 해결하기 어려운 일들이 우리의 삶에는 끝없이 이어진다. 그럴 때 조력자가 길을 가르쳐주는 빛, 그 빛이 되어주는 것이다.

조력자는 우리 곁의 무엇이든 될 수 있다. 지인이 무심코 뱉은 말 한마디나 우연히 읽은 책 속 한 구절, 길 가다 엿들은 타인의 대화, 라디오에서 흘러나온 음악, 광고 문구, 여행지에서 마주한 풍경까지도. 대놓고 우리를 도와주지 않더라도, 오히려 그 자리에서 자연스레 자기 할 일을 하고 있는 존재들이 우리 삶의 조력자가 될 때가 많다. 그런 경우 조력자는 컵에 물을 채워주는 역할을 하는 것이 아니라, 거의 다 채워놓은 물컵에 물을 한 방울 더해서 쏟아지게 만드는 역할을 한다. 무심하고 예사롭게.

우리는 인생이라는 소설 속에서 조력자의 도움을 받아, 그러나 스스로의 힘으로 컴컴한 길을 걸어 나온다. 내 곁에는 나도 모르는 사이 어떤 조력자들이 나를 이끌어주고 있는지 돌아보게 된다. 과연 지금의 나는 어떤 사건을 지나며 어떤 조력자의 도움을 받아, 어떠한 변화를 이루어내고 있는가.

연료 캡

 대학생 때 면허를 따긴 했지만 쓸 일이 없었다. 차도 없었을뿐더러, 대중교통이 워낙 잘 되어 있으니 운전할 필요도 못 느꼈다. 그러다 대학원생이 되어 주말에도 한 번씩 연구실로 출근을 하게 되었는데, 주말엔 버스 배차 간격이 길다고 투덜댔더니 엄마가 당신 차를 쓰라고 하셨다. 운전하는 법을 모르는데(?) 어떻게 하냐고 한 발 빼자, 엄마는 손수 운전 연수까지 등록해주셨다. 적극적인 엄마의 태도에 나는 당황했다. 엄마는 젊을 때부터 운전을 해 버릇해야 나중에도 편하게 할 수 있다며, 지금이 좋은 타이밍이라고 하셨다. 돈 아까운데. 귀찮은데. 평생 운전 안 해도 사는 데 별 지장 없을 것 같은데…. 꿍얼거리며 운전 연수를 받았다. 덕분에 나는 운전할 줄 아는 사람으로 다시 태어났다.

 그 뒤로 가까운 거리를 나갈 때 종종 엄마 차를 빌려 썼다. 그러던 어느 날, 초보 운전자에게는 너무나도 어려운 미션을 하나 마주하게 되었다. 기름이 똑 떨어진 것이다. 근처에 기름값이 저렴한 곳을 찾아갔더니 역시나 셀프 주유소였다. 주유하는 법을 배운 적은 없지만 조수석에서 창문 너머로 보았던 기억을 더듬으며 무사히 기름을 넣었다. 그러고는 무려 셀프 주유를 해냈다는 성취감에 젖어 집으로 돌아갔다. 엄마에게 나 오늘 주유했다며, 어려울 줄 알았는데 별거 아니었다면서 거들먹거리기까지 했다.

그리고 며칠 뒤, 저녁 식사가 끝나고 엄마가 넌지시 말씀하셨다.

"온정아. 주유하고 나서는 연료 캡을 따다닥 소리가 날 때까지 여러 번 돌려서 잠가줘야 해."

엄마 말을 듣는 순간 머리를 띵 맞은 기분이었다. 주유구에 뚜껑을 엉성하게 얹어놓고선 이게 잘 잠긴 건지 영 찝찝했던 게 기억 나서였다. 그런데 내가 연료 캡 제대로 안 닫은 걸 어떻게 아셨나 싶어 여쭈어보니, "엄마는 다 알지!" 하셨다. 처음엔 장난스럽게 대답을 피하시다가, 내가 알려달라고 계속 조르니 엄마는 그제야 입을 여셨다. 차에 엔진 경고등이 뜨는 바람에 정비소에 다녀오셨다고. 창피하고 죄송해서 어쩔 줄 몰라 했더니, "뭘 죄송해? 처음엔 다 그런 거야. 네가 민망해할까 봐 말 안 하려고 했더니만" 하며 웃으셨다.

실수야 당연히 할 수 있다. 하지만 엄마도 일정이 있어서 차를 끌고 나가셨을 텐데, 원인 모를 경고등이 떴으니 얼마나 당황하셨을까. 정비소에서 연료 캡을 안 달아서 그렇다는 이야기를 들었을 때는 또 어쩌나 부끄러우셨으려나. 나라면 짜증부터 났을 거라 생각하니, 생색조차 내지 않는 엄마가 더 너그럽게 느껴졌다. 초보자의 실수를 그저 조용히 묻어주시던 엄마의 그 마음이 깊게 남아서, 여전히 기름을 넣고 연료 캡을 확실히 잠글 때마다 엄마 생각이 난다.

아마 어렸을 때의 나는 더 숱하게 많은 실수를 했을 것이다. 세상 모든 것이 새로웠을 테고, 그렇게 세상을 배워가는 동안 엄마는 나의 모습을 가까이서, 그러나 일부러 한 발짝 뒤에서 지켜보며 뒷수습하고, 인내하고, 손잡아 일으켜주셨을 테지. 막상 나는 그 시간들을 잘 기억하지 못한다. 하지만 성인이 된 딸의 서투름도 너그러이 바라봐주시는 엄마의 모습을 보며, 나는 기억나지 않는 어린 시절을 어렴풋이 상상하곤 한다.

이제는 부모님께 배우는 것보다 가르쳐드려야 할 일이 더 많아졌다. 스마트폰으로 결제하는 법, 쓸데없이 울리는 알림들 끄는 법, 글자 크기 키우는 법, 아파트 주차 등록하는 법, 각종 사이트 회원가입하고 로그인하는 법, 요금제 바꾸는 법…. 나에게 전화를 걸어 겸연쩍게 웃으며, "이거 어떻게 하는 건지 잘 모르겠어. 엄마 완전히 바보 됐다야" 하시는 엄마. 보통 딸이 바쁠까 봐 혼자 쩔쩔매며 이것저것 눌러보시다가, 도저히 못 하겠다 싶을 때쯤 용기 내어 물어보신다. 그걸 알면서도 나는 웃으며 기꺼이 알려드린 적이 많지 않은 듯하다. 바쁠 때면 귀찮은 내색을 비추기도 하고, 잘 모르시면 답답해하며 심술도 부리고, 기껏 알려드린 뒤에도 생색을 내면서. 엄마는 다 큰 자식에게도 그렇게 친절히 세상을 알려주셨는데. 못난 자식은 매번 이렇게 반성할 일만 늘어난다.

"지금 배워놓아야 나중에 잘 써먹어."

없는 살림에도 단호하게 운전 연수를 등록해주시던 엄마의 마음으로. 찌그러지게 될지도 모르는 당신의 차를 과감히 내어주시던 엄마의 마음으로. 정비소에 가서 망신을 당하고도 딸이 주눅 들까 봐 꼭꼭 숨기던 엄마의 마음으로. 나 역시 그런 마음으로 부모님께 내가 아는 걸 차근차근 알려드려야겠다.

지금 배워두셔야 나중에 AI 세상에도 적응하시죠. 에이, 잘 모르시는 게 당연해요. 젊은 저도 잘 못 따라가거든요. 제가 천천히 알려드릴게요. 대신, 직접 해보셔야 해요. 아셨죠?

4..5..6..0..1..2..▼

Part 3. 언제

기억이 머무른 자리

어차피 과거로는 돌아갈 수 없으니,
나는 지나온 나의 선택들을 이런 방식으로
토닥이고 존중하며 살아간다.

엄마 밥

'엄마 밥 먹고 싶다.'

결혼하면서 부모님으로부터 독립한 이래로 가장 많이 한 생각이 아닐까 싶다. 요즘 나는 과거로 돌아가 편식하는 나를 꾸짖고는, 그때 남긴 반찬들을 모두 모아 현재로 가져오고 싶은 심정이다.

엄마는 늘 요리로 사랑을 표현하시곤 했다. 냄비 뚜껑을 열면 국 종류가 계속 바뀌어 있었고, 냉장고는 반찬으로 가득했다. 엄마의 손맛이 더해진 반찬들은 소담하고 맛깔스러웠다. 시금치나물, 무생채, 멸치볶음, 메추리알 장조림, 미역줄기볶음, 감자채볶음…. 자주 먹던 엄마 반찬을 떠올려보면 맛도 색감도 식감도 영양도 항상 골고루였다. 고구마순볶음을 하신 날이면 엄마는 꼭 나에게 물었다. 이거 온정이가 좋아해서 했는데, 어때? 맛있어? 평소 밥을 깨작거리며 먹는 내가 나물을 크게 집어서 우걱우걱 먹는 걸 보며 엄마는 흐뭇한 미소를 지었다. 엄마가 한 음식 맛있게 먹어주면 그게 엄마의 행복이지,

하시면서. 엄마는 내 친구들에게도 종종 음식을 해주셨다. 닭볶음탕이나 파스타, 떡볶이, 중국식 해물볶음 같은 요리가 식탁 위로 뚝딱뚝딱 차려졌다. 친구들은 눈이 휘둥그레져서는 엄마 음식을 맛있게 먹었다. 연기가 모락모락 피어오르던 엄마의 요리와 함께 우리 집에서 쌓은 추억은 여전히 친구들 사이에서 회자되곤 한다.

엄마의 요리는 비가 오나 눈이 오나 멈출 줄을 몰랐다. 바쁜 날이나 아픈 날에도 예외는 없었다. 엄마는 출근했다가 녹초가 되어 집에 들어와도 저녁밥, 다음 날 먹을 아침밥, 일터에서 아빠와 드실 점심밥까지 부지런히 챙기셨다. 내가 다 커서 직장에 다닐 때까지도 엄마는 내 점심 도시락을 싸주셨다. 내가 감기에라도 걸리는 날이면 배 속을 파내고 꿀을 넣어 달여 주셨다. 사랑이 아니라면 결코 할 수 없었을 일이다.

외국에 사는 오빠가 한국에 올 때마다 여전히 엄마는 몸살이 날 때까지 음식을 하신다. 내가 친정집에 가는 날에도 꼭 반찬을 한가득 싸주시고, 김치도 너무 묵으면 맛이 없다며 한 해에 김치만 열 번을 넘게 담가주신다. 온몸이 부서질 정도로 식구들의 밥을 신경 쓰는 엄마를 어렸을 때는 잘 이해하지 못하기도 했다. 집에 가면 항상 먹을 것이 있으니 그 소중함도 잘 몰랐다. 장 볼 때마다 식구들에게 좋은 것만 해주고 싶은 마음과 생활비 사이에서 얼마나 고민하셨을지, 내가 편식하고 바깥 음식을 즐기느라 엄마의 음식들이 상해갈 때 어찌나 허탈하셨을지도. 결혼하고 내 밥을 내가 해 먹어야 하는 순간부터 엄마를 이해하기 시작했다. 엄마가 바리바리 싸준 반찬이 떨어지면 냉장고는 텅텅 비었다. 쉴 틈 없이 움직여야 제대로 된 한 끼를 해 먹을 수 있었다. 나도 남편도 요리를 좋아하고 곧잘 하지만, 엄마의 손맛은 당최 따라갈 수가 없었다. 식탁에 앉을 때마다 나는 엄마 밥을 생각했던 것 같다. 엄마 밥 먹고 싶다. 역시 엄마 밥이 최고야….

엄마가 왜 그렇게까지 밥에 온 마음을 쏟았는지 더 선명히 느끼게 된 계기가 있다. 우연히 엄마의 수첩을 보게 되었는데, 그곳에는 '밥'에 대한 엄마의 생각이 적혀 있었다.

'밥'
 밥은 엄마의 사랑이다. 기다림이다. 그리움이다. 정성이다. 고단함이다. 사무침이다. 마음이다. 행복이다. 따뜻함이다. 가족을 하나로 모으는 힘이다.
 어린 날 매서운 바람 속에 학교 다녀온 뒤 이불속에 꼭꼭 묻어놓은 밥그릇을 보면 엄마의 품처럼 따뜻했다.
 오랫동안 헤어져 있던 자식에게 가장 해주고 싶은 게 뭐냐고 묻는다면, 엄마들은 하나같이 따뜻한 밥을 먹이고 싶다 한다.

 엄마는 지금도 딸이 밥은 잘 챙겨 먹는지, 혼자 밥 먹을 때마다 쓸쓸하진 않은지, 김치가 너무 쉬진 않았는지, 엄마가 싸준 반찬이 짜거나 싱겁진 않은지, 나의 위와 장이 안녕한지, 혹시 살이 빠진 건 아닌지 살뜰히 살피신다. 그 마음은 틀림없이 엄마의 사랑이자 그리움이고, 정성이자 행복이다. 나는 그런 엄마의 마음을 사무치게 느낀다. 이제는 엄마 밥을 먹을 때마다 그 한 숟갈, 한 숟갈이 너무나도 소중해서, 가끔은 주책맞게 막 눈물이 나려고 한다.

치유 과정

밴드 넬의 ⟨Healing Process⟩는 2006년도, 내가 고등학생일 때 발매된 앨범이다. 그쯤 MP3가 널리 보급되면서 레코드 가게들은 거의 문을 닫았다. 그나마 지하철역에 하나 남아 있던 작은 레코드 가게에 꼬깃꼬깃한 지폐를 들고 가서 넬의 신보를 샀다. CD 두 개로 나누어져 무려 열일곱 곡이나 담겨 있던 이 앨범은 어느 한 곡도 넘길 게 없을 정도로 전부 좋았다. 고등학생 시절 고달팠던 나의 영혼을 이 앨범 속 음악들이 먹여 살렸다고 해도 과언이 아니다. 시집으로 내도 되겠다 싶을 정도로 섬세한 가사와 그에 딱 맞는 몽환적인 밴드 사운드까지. 많은 음악인이 명반으로 꼽는 데는 다 이유가 있다. 거의 20년이 지난 지금 들어보아도 한 곡 한 곡이 완벽하다.

모순인 건, ⟨Healing Process⟩ 앨범에 들어 있는 곡들이 대부분 우울하다는 것이다. 과연 앨범명에 '치유'라는 단어를 붙여도 되는 건가, 의문이 들 정도로. 가사 속 표현만 보아도 그렇다. 공허, 죽음, 상처, 가시, 싸늘함, 외로움, 잔인함…. 치유 과정이라기보다는 제발 누가 나 좀 치유해달라는 처절한 외침으로 들린다.

하지만 반복해서 들으면 들을수록 '아, 이거야말로 진정한 치유 과정이구나'라는 걸 깨닫게 되었다. 넬의 음악은 내 손을 잡고 우울 무덤 가장 깊숙한 곳까지 데려간다. 그 손을 잡고 기꺼이 바닥까지 침잠했다가 정신을 차리고 보면 어느새 마음이 조금 말끔해져 있다. 이 앨범 속에 어쭙잖은 위로나 치유의 말은 눈 씻고 보아도 없지만, 결론적으로는 치유 과정을 거친 것과 다름이 없다.

우울이라는 감정은 억지로 벗어날 수 있는 감정이 아니라는 것. 외면하지 않고 정면으로 마주해야 한다는 것. 치유를 위해서는 그만큼 더 온전히 아파보아야 한다는 것을, 나는 음악을 들으며 배웠다.

유행
현명한 편안함

    대학교에 속한 분석실에서 일하다 보니 요즘 유행하는 패션을 별 노력 없이 실시간으로 본다. 트렌드에 기민한 청춘들은 언덕 위 바람개비처럼 빠르게 반응하며 캠퍼스의 풍경을 시시각각 바꾸어놓는다.

    요즘은 편한 옷이 유행이다. 편해서 유행인 건지, 유행인 옷들이 우연히 편한 건지는 잘 모르겠지만. 캠퍼스를 돌아다니면 츄리닝 바지에 후드티, 운동화를 신은 학생들이 흔히 보인다. 그렇게까지 편하게 입는데도 그들은 오히려 스타일리시하고, 그중엔 개성이 살아 있는 친구들도 줄곧 눈에 띈다. 꼭 츄리닝 바지가 아니더라도 기본적으로 바지의 통이 크다. '오버핏'이 유행한 지 오래되어서 아래, 위 모두 펑퍼짐한 옷이 많다. 입고 있는 티셔츠도 거의 심플하다. 그들 사이에서 너무 신경 써서 꾸민 듯한 사람은 촌스러워 보이기까지 한다.

    내가 대학생일 때는 스키니 진과 몸에 딱 맞는 재킷, 블라우스와 미니스커트와 하이힐이 유행했다. 사람들은 딱 붙는 청

바지에, 브랜드 로고가 박혀 있거나 무언가가 그려졌거나 패턴이 있는 상의, 화려한 원피스를 자주 입었다. 안 그래도 숨쉬기 힘든 세상에서 스키니 진은 우리의 살을 온종일 조여댔다. 하이힐은 가장 아래에서 우리 몸을 지탱하는 발바닥을 망가뜨려 몸 전체의 균형을 망쳤다. 화려한 옷들은 금방 질려버려서, 얼마 입지도 못하고 또 새로운 옷을 사야 하는 악순환의 고리를 만들어냈다.

그런 것들에서 벗어난 요즘 유행은 얼마나 현명하고 멋진 것인가… 하고, 츄리닝 바지에 무지 티셔츠만으로도 빛나는 청춘들을 보며 나는 생각한다.

단풍
열린 결말

올 추석은 이게 현실이 맞는지 믿기 어려울 정도로 더웠다. 파주에 있는 시댁에서 명절을 지내는 동안 폭염 경보 문자를 몇 번이나 받았다. 추석秋夕의 '가을 추秋' 자가 무색하게 느껴졌다. 위 지역도 이 정도인데 대체 전국이 찜통 속에서 얼마나 펄펄 끓고 있는 건가. 반려견 달콩이와 시골길 산책을 나섰지만, 남편도 나도 땀을 한 바가지씩 쏟아내고 금방 기진맥진해졌다. 무한동력기라도 달고 있는 건가 싶을 정도로 늘 활발하던 달콩이 역시 길어지는 올여름 앞에선 맥을 못 추었다.

작년 이맘때에도 날씨가 이상했었다. 오래도록 여름이다가 가을을 제대로 누릴 새도 없이 불쑥 겨울이 찾아왔다. 가을바람에 단풍색이 들 시간조차 없어서, 초록 잎이 그대로 얼어붙은 채 허무히 바닥으로 떨어졌다. 그 이상했던 날씨가 올해는 더 이상하다. 여름은 계속해서 길어진다. 올해도 온통 빨갛고 노란 세상을 보기에는 그른 걸까. 조바심이 들었다.

다행스럽게도, 영영 오지 않을 것만 같던 가을이 시월과 함께 노크를 해왔다. 높아진 하늘, 선선한 바람, 건조한 냄새. 무더운 여름을 지내는 동안 기다리고 또 기다리던 가을이라 더 반가웠다. 매일 산책하며 나는 조마조마한 마음으로 잎이 빨갛게 물들기를 기다렸다.

글을 쓰는 지금은 시월의 끝자락에 있다. 우리 동네에서는 여전히 단풍을 보기 어렵다. 케이크 위에 데커레이션 된 체리처럼 드문드문 빨간 잎이 보일 뿐이다. 몇몇 지역을 제외하고는 단풍 없는 단풍 축제를 하고 있다는 소식도 들었다. 가을이 모두 지난 뒤 과거형으로 "올해도 단풍이 가득한 풍경은 보지 못했다"라며 이 글을 마칠 수도 있겠지만, 일부러 이른 시기에 적고 있다. 희망을 놓고 싶지 않아서. 끝내 가을이 찾아와주었듯 아름다운 단풍 역시 천천히 오고 있는 중일 거라고, 그렇게 믿고 싶어서. 초록색으로 뒤덮인 나무들을 보며 시무룩해지려는 마음을 다잡고 응원을 보낸다. 단풍아, 지각해도 괜찮

아. 그러니 제발 힘내줘!

머지않은 미래에는 아이들에게 "옛날엔 단풍이란 게 있었어"라고 이야기하게 될까. 앞으로는 늘 과거의 지구가 더 아름다울지도 모르겠다. 색이 변하지 않는 초록색 단풍나무를 오래도록 바라보며, 아이러니하게도 빠르게 변하고 있는 것들을 떠올린다. 지금의 지구를 꽉 붙잡아두고 싶은 건 나의 욕심일까.

포카리스웨트

 언제부턴가 술을 거의 못 마시는 몸이 되었다. 고작 맥주 한 캔에도 머리가 아파서 잠을 설친다. 그럼에도 술이 싫어지지 않았다는 건 안타까운 일이다. 마시고 싶은 욕망을 꾹꾹 누르며 사는 게 일상이 되었다.

 그러니 아주 가끔 한 번씩 "에라, 모르겠다!" 하는 생각이 발동하는 날이면 나도 나 자신을 어찌할 수가 없다. 고삐가 제대로 풀린 어느 날, 나는 다음 날의 존재를 까먹어버린 사람처럼 마셨다. 결과는 역시 처참했다. 머리가 지끈거리고 눈동자에 초점이 사라졌다. 속이 울렁거려 견딜 수 없었다. 물 마시는 것조차 역했던 그때, 갑자기 포카리스웨트가 생각났다. 곧장 포카리스웨트를 사 와서 하루에 걸쳐 3리터를 몽땅 마셨다. 덕분에 밥도 잘 챙겨 먹고 할 일도 할 수 있었다. 고마운 녀석이네, 하며 큼직한 페트병에 붙어 있는 파란색 라벨을 만지작거리다 보니 문득 어렸을 때가 떠올랐다.

 중학생 때쯤이었던 것 같다. 몇 년간 알 수 없는 두통에 시달렸다. 귀를 뚫으면 두통이 사라진다는 소문을 듣고, 집에서 쫓겨날 각오를 하고 귀까지 뚫었지만 소용없었다. 엄마 손을 잡고 여러 번 병원에 갔다. 진료를 받고 검사를 받아봐도 아무런 이상이 없었다. 잘은 몰라도 마음으로부터 온 아픔이라는 걸 은연중에 알고 있었다. 무엇 때문에 그토록 힘들었는지는 기억나지 않지만, 어디가 어떻게 아팠는지는 아직도 또렷이 기억한다. 마음 한구석에서 시작된 고통이 턱관절을 타고 올라가 관자놀이를 뻐근할 때까지 쥐어짜는 느낌이었다. 의사 선생님은 조언하셨다.

"두통에는 이온 음료가 좋아요. 포카리스웨트 같은 거 자주 먹어보세요."

그때부터 슈퍼를 지나갈 때마다 파란색 캔을 사서 마셨다. 이렇다 할 효과는 없었지만 의지할 구석이 있다는 것만으로도 괜히 위로가 되었다. 달짝지근하면서도 은은한 과일 향 음료가 혀를 맴돌면 슬몃 기운이 나기도 했다. 두통과 포카리스웨트는 나의 단짝 친구처럼 늘 붙어 다녔다.

  시간이 지나며 원인 모를 두통은 사라졌다. 이제는 원인이 명확한 두통(숙취)을 포카리스웨트로 해결하고 있는 나의 꼴이 웃기기도, 동시에 어린 시절의 내가 짠하기도 하다. 대체 뭐가 그리 힘들었냐고, 그때의 내게 묻고 싶다. 그다음 말해주고 싶다. 미래에 너는 지금보다도 훨씬 한심한 어른이 될 거라고. 두통을 돈 주고 산 뒤에, 그 통증을 없애려 1.5리터짜리 포카리스웨트를 두 통이나 벌컥벌컥 마시는 속없는 어른이 될 거라고. 그렇게 철딱서니 없이 살아보니 제법 행복하다는, 가장 중요한 사실도 전해주고 싶다.

안부

 눈코 뜰 새 없이 바쁘게 보낸 어느 날 밤. 침대에 누우니 몸이 스르르 녹아내렸다. 불도 끄고 눈도 감고 몸 안의 세포들도 서서히 잠에 들려 할 때쯤, 아차. 깜빡한 게 떠올랐다. 옆자리에 누워 있는 남편에게 나는 이미 반쯤 잠긴 목소리로 물었다.
 "여보, 오늘은 별일 없었어?"
 남편과 내가 하루도 빠짐없이 서로에게 하는 질문이다. 아무리 바쁜 날에도, 서로 마주할 시간이 거의 없었다 해도 우리는 꼭 묻는다. 나의 배우자가 오늘 하루 무탈했는지. 힘들진 않았는지. 혹 좋은 소식은 없는지. 매일 저녁, 그의 질문을 듣고 나면 그제야 나의 하루를 돌아본다. 오늘 어땠더라. 나의 대답이 밋밋할 때도 많다. 정말 아무 일도 없어서 질문에 답할 이야기조차 없는 날. 사실 우리 삶에는 그런 시시한 날이 오히려 더 많을지 모른다. 그럴 때면 서로에게 하는 질문이 별 의미 없이 느껴지기도 한다. 그럼에도 우리는 어김없이 오늘 몫의 질문을 건넨다. 이 한 문장의 질문이 주는 힘을 잘 알고 있기 때문이다.

 오늘 정말 별일 없었어, 라고 대답하면 상대는 그게 좋은 거야, 하고 받아친다. 별일은 없었지만 또 이런 일이 있긴 했네, 하면서 소소하게 지나간 일을 떠올리기도 한다. 서로가 다른 공간에서 보낸 하루를 조각조각 떠올리며 공유한다. 각자가 보낸 하루의 온도는 다르지만, 이야기가 순환하다 보면 중간 온도쯤에서 평형을 이루기도 한다. 이 평범한 질문이 가장 큰 힘을 발휘할 때는 역시 힘든 날이다. 누구에게도 먼저 털어놓기 어려운 감정이 마음속에 웅크리고 있을 때. 상대는 유난스럽지도, 어색하지도 않게 습관처럼 묻는다. "별일 없었어?"

 하루 종일 참고 있었다 해도 이 질문 앞에서는 한없이 취약해지고 만다. "사실…"이라는 말로 시작하여 뜨거운 이야기를 속수무책으로 내뿜다 보면 어느새 허공으로 증발해버린다. 털어놓는 것만으로도 마음의 화상은 면할 수 있다. 어떤 때는 아무렇지도 않게 오늘의 이야기를 끌어나가다 말고, 새삼 '내가 그것 때문에 힘들었구나.' 깨닫기도 한다. 이건 이거대로 나름의 후련함이 있다. 힘들긴 한데 명확히 어떤 것 때문에 힘든지 갈피가 잡히지 않을 때, 이야기하다 보면 하루가 정리되면서 그 이유를 발견하게 되는 것이다.

이렇게 안부를 잘 묻지 못하고, 제대로 대화를 나누지 못하는 시기에는 꼭 탈이 난다. 대화의 중요성에 대해 남편은 이렇게 말했다.

"사람의 감정은 연속적으로 변하는데, 말하고, 안 하고는 완전히 이분법적이잖아. 말을 안 하면 끊임없이 바뀌는 상대의 감정을 알 도리가 없지."

가장 가까운 사람은 가족이다. 제일 가까울 거라고 착각하기 쉬운 사람 역시 가족이다. 당연하게 항상 옆에 있는 그들이라고 해서, 매일이 당연하게 괜찮을 리는 없는 법. 습관적으로 식구들에게 별일 없는지 안부를 물어보는 건 어떨까. 그들 속에 농익어 있던 감정들이 톡 터져 나올지도 모른다.

책

 사는 게 불안하고 두려울 때마다 도피처를 찾곤 했다. 사실 산다는 건 언제나 일정 수준 불안하고 두렵기 마련이니 '항상'이라고 바꾸어도 무방하겠다. 항상 나는 친구에게 도망치고 연인에게 도망치고 여행지로 도망치고 공연장으로 도망치고 영화관으로 도망치고 글쓰기로 도망쳤다. 그런데 이제야 알겠다. 도망치기에 가성비가 제일 좋은 건 독서였다.

 물론, 효과로 따진다면 글쓰기만 한 게 없다. 하지만 글을 쓸 때는 나의 내면을 너무 구석구석 파헤치게 된다. 뭉뚱그려서 흘려보내고 싶은 부분까지 세세하게 바라보아야 글을 쓸 수 있다. 장기적으로 보면 이만한 치료제가 또 없지만 그 과정이 괴롭기도 하다. 또 글쓰기는 내가 아는 세상 속에서만 진행되기 때문에, 글을 쓰다 보면 가끔 유리병 속에 갇힌 듯한 기분에 휩싸이고 만다. 무엇보다 타성에 젖어 무기력한 순간이 오면 글쓰기는 더욱 어려워진다.

 책을 읽는 건 수동적으로도 충분히 가능하다. 자리에 가만히 앉아서 책 페이지를 넘기면 된다. 독서 과정에서 가장 능동적인 순간은 아마도 가장 처음, 책을 고르는 순간이 아닐까 싶다. 그래서 나는 의욕이 있을 때 미리 마음에 드는 책을 여러 권 골라두고는 소중히 쌓아둔다. 의욕이 떨어질 때면 가만히 앉아 책장을 펼친다. 그리고 책 속 세상으로 도망치는 것이다….

요즘 무의식이 하라는 대로 두면 자꾸 핸드폰 속으로 도망치게 된다. 핸드폰을 도통 손에서 놓지 못하고, 의미 없고도 자극적이며 짧게 흘러가는 콘텐츠들을 본다. 그러고 나면? 시간은 빠르게 지나가 있다. 불안해진다. 허무해진다. 평생 불안증을 달고 산 나의 경험에 의하면, 불안을 없애는 가장 좋은 방법은 무언가에 집중하는 것이었다. 몇 시간씩 핸드폰을 붙들고 있는 것도 마치 집중하는 것처럼 보이지만, 실질적으로는 기계 하나만으로 너무나 많은 일을 동시에 하고 있다. 1분짜리 영상들을 넘겨보다가 중간에 카톡이 오면 답장도 하고 갑자기 캘린더에 들어가서 일정을 저장했다가 또 인터넷을 켜서 '등갈비찜 레시피' 등을 검색하고 있는 것이다.

  핸드폰에서 해방되어 오랫동안 집중할 수 있는 시간은 책을 읽을 때가 거의 유일하다. 책을 읽으며 지식을 쌓고, 사유를 하고… 같은 독서의 효능(?)은 다 제쳐두더라도, 그저 책을 읽는다는 행위 자체만으로 위안이 된다. 불안감은 줄어들고 안도감이 자리 잡는다. 그래서 요즘은 공백이 느껴질라치면 손에 책부터 든다. 페이지를 넘긴다. 페이지가 빨리 넘어가는 게 아까울 정도로 재미있는 책이 있는가 하면, 잠이 올 정도로 어렵고 지루한 책도 있다.

  어떠한 경우든 나는 그 속으로 도망치는 데 종종 성공하고, 솔직히 말하자면 사유를 하기보단 오히려 생각이 없어진 채로 책 속 세상 어딘가에서 유유히 헤엄치다가 현실로 다시 돌아온다. 그러고 나면 걱정이나 불안으로 채워졌을 시간은 이미 훌쩍 지나가 있다. 현실이 조금 덜 두려워진다.

연착

 남편과 함께 독일 베를린으로 향하던 길이었다. 기내에 안내방송이 나왔다. 테겔 공항에 착륙 예정이던 비행기가 비 때문에 쇠네펠트 공항으로 착륙하게 되었다고. 비행기에 탄 사람들은 방송을 듣고도 별 반응이 없었다. 우왕좌왕할 법도 한데, 다들 너무나도 태연해서 내가 방송을 잘못 듣기라도 한 줄 알았다. 만약 우리가 해외여행을 갔다가 돌아오는 길에 "인천 공항 착륙 예정이던 비행기가 김포 공항에 착륙하게 되었습니다"라는 방송을 들었다고 가정해보자. 그것도 비행기가 조금씩 고도를 낮추며 착륙을 준비할 즈음에. 방향을 잡기 위해 한쪽 날개를 낮추며 갸우뚱, 회전하는 타이밍에. 사람들은 분명히 당황한 기색을 보이며 웅성웅성할 것이다. 그런데 이곳 사람들은 어쩜 그렇게 아무런 반응이 없던지. 이상해서 기내를 둘러보니 대부분의 승객이 현지인인 듯했다. 한국인으로 보이는 사람은 우리 둘뿐이었다.
 우리를 태운 비행기는 쇠네펠트 공항에 착륙했다. 원래 목적지인 테겔 공항으로 우리를 마중 나온 고모와 친척 언니에게 급히 카톡을 보냈다. 이러이러한 상황이 되었으니, 집으로 가 계시면 우리는 여기서 택시를 타고 가겠다고 했다. 고모는 집으로 가는 대신 우리가 착륙한 쇠네펠트 공항까지 이동해 오셨다. 나와 남편은 초조해져서 발을 동동 굴렀다.

그 뒤로는 속 터지는 상황의 연속이었다. 착륙했으니 이제 내리기만 하면 되는데, 항공사는 제대로 된 상황 설명도 없이 '조금만 기다려달라'는 안내 방송만 한 시간에 한 번꼴로 해주었다. 그새 캄캄해진 유리창 너머로 빗줄기가 한 가닥씩 흘러내렸다. 애초에 폭우도 아니었을뿐더러, 비가 진즉에 잦아들었음에도 우리는 영문도 모른 채 숨 막히는 기내에 갇혀 있었다. 결국 고모와 친척 언니는 먼저 집에 가 계시기로 했다. 공항에서의 반가운 상봉과 고모가 차려주신 저녁밥을 기대하고 있었는데. 마냥 행복해야 할 여행의 시작이 곤란해져버렸다.

두 시간쯤 지났을까. 승무원이 드디어 내릴 준비가 끝났다며 안내방송을 했다. 내용은 이러했다. 이제 내릴 수 있지만, 위탁 수하물은 줄 수 없다. 지금 내리는 사람에게는 나중에 연락해서 짐을 부쳐주겠다. 만약 짐을 오늘 챙겨야 하는 상황이라면, 30분 뒤에 테겔 공항으로 다시 날아갈 예정이니 기내에 남아 있어라.

고모에게 가져다드릴 음식이 캐리어에 한가득 들어 있던 터라 우리는 30분을 더 기다리기로 했다. 그런데 30분은커녕 한 시간이 지나서야 승객들이 겨우 내리기 시작했고, 그로부터 세 시간을 더 기다린 뒤에야 우리는 원래의 목적지인 테겔 공항에 도착할 수 있었다. 저녁 6시 도착 예정이던 비행기에서 내렸을 때는 이미 자정을 넘기고 있었다.

비행기에 갇혀 있던 여섯 시간 동안, 기내에 있던 사람들의 행동은 평소 내가 한국에서 보던 광경과 너무나도 달랐다. 기약 없는 기다림 속에서 사람들은 하나, 둘 자기만의 방식으로 그 시간을 보내기 시작했다. 몇몇 사람들은 승무원에게 음식을 주문했다. 여기저기서 후루룩 짭짭 소리가 들렸다. 보드카처럼 센 술을 주문하는 목소리도 들려왔다. 조금 지나자 술을 마셔서 얼굴이 벌게진 사람들이 보였다. 술에 취한 몇몇 사람들은 오히려 이 상황을 즐기는 듯했다. 아니, 분명히 즐기고 있었다. 술기운을 풍기며 신나게 수다를 떠는 그들 덕에 기내의 공기가 후끈해졌다. 어떤 이들은 빈 좌석들을 찾아 팔걸이를 올리더니 벌렁 누워 잠을 잤다.

다들 그러고 있으니 우리도 나름대로 그 시간을 즐겨보려 노력했다. 일부러 장난도 쳐보고, 인쇄해 온 독일어도 공부해보고(특히 '배고프다'라는 뜻의 독일어를 열심히 외웠다), 실성한 사람처럼 웃기도 했다. 하지만 그 순간뿐. 금방 정적이 찾아왔다. 우리의 뱃가죽은 시간이 갈수록 쏘오옥 들어갔다. 그와 동시에 마음의 여유도 쪼그라들었다. 언제 내릴지 전혀 알 수 없으니 마음 놓고 뭘 하기도 쉽지 않았다. 자꾸 억울하고 화가 났다. 어쩔 수 없는 상황인 건 알겠다만, 대체 왜 못 내리고 있는 건지 설명은 해줘야 하는 거 아닌가. 이제 비도 그쳤는데!

그런데 그리 답답한 상황에도 항의하는 사람이 없었다. 아무도 승무원을 재촉하거나 언제쯤 해결되냐고 묻지 않았다. 주변을 아무리 둘러보아도 그저 이 상황을 곧이곧대로 받아들이는 사람만 있었다. 대한민국 국민으로서 이 상황과 분위기를 당최 이해하기 어려웠지만, 나 역시 주변 눈치만 보다가 아무것도 묻지 못했다. 이 상황을 받아들이지 못하는 내가 오히려 이상한 사람이 된 기분이었다.

세 시간의 대기 끝에 "여기서 내리실 분은 이제 나오시면 됩니다"라는 방송이 나왔을 때였다. 사람들은 내릴 준비를 하면서 입으로 휘파람을 불고, 손뼉을 치고, 환호성을 질러댔다. 반쯤 춤을 추며 통로를 지나가는 사람도 있었다. 오만상을 찌푸려도 모자랄 판에 그들은 마냥 신나 보였다.

시간이 지나 다시 생각해봐도 미스테리한 일이다. 우연히 그런 사람들만 탑승한 비행기였던 건지, 그들에게는 워낙 흔한 일이었던 건지, 못 내리는 이유를 알아내도 어차피 해결되는 건 없다고 생각했던 건지 여전히 모르겠다. 다만 이 이야기를 개인 블로그에 올렸더니 해외에 살고 있는 많은 한국인이 공감의 댓글을 남겼다. 미국이나 호주, 영국 등에 살면서 비슷한 경험을 자주 한다, 이곳 사람들은 이상하리만큼 컴플레인을 안 한다, 그저 그러려니 하며 태평세월 기다린다, 처음엔 나도 속 터지는 줄 알았다, 하지만 적응하고 나니 한국에 가면 '빨리빨리' 문화를 몸소 느낀다, 같은 말들이었다.

여행을 끝내고 한국으로 돌아오는 비행기에서는 가이드에게 큰 목소리로 컴플레인을 거는 한국인들을 만났다. 일반화하기는 조심스럽지만, 타국을 여행하며 답답한 서비스를 경험하고 오면 항상 '우리나라 서비스가 좋긴 좋구나' 하고 느끼는 동시에 조금 안타깝기도 하다. 우리는 대개 문제를 가만히 두고 볼 마음의 여유가 없다. 그런 적극적인 태도가 우리나라를 발전시켰고, 풀 수 없을 줄 알았던 문제들을 풀게 했으며, 서비스 강국으로 거듭나게 했다. 하지만 어쩔 수 없는 일조차 어쩔 수 없는 일로 두지 못하는 우리는 스스로 괴로워지는 길을 택한다. 같은 이유로 우린 개인이 한 실수에도 관대하지 못하다. 불가피한 상황에서 일어난 일도 쉬이 내려놓지 못하는데, 하물며 사람이 행한 일에는 오죽할까.

속 터지는 상황을 겪는 건 싫지만, '어차피'를 받아들일 줄 알던 그들의 자세만큼은 조금 배우고 싶다. 손댈 수 없는 일 앞에서도 발을 동동 구르던 나와, 일찌감치 포기한 채 술을 마시고 춤을 추고 속 편하게 코 골며 잠자던 그들의 모습을 잊지 못할 것 같다.

독일 고모

내게 조각조각 남아 있는 독일 고모에 대한 기억들.

먼 곳에 사시는 만큼 자주 뵙기 어려웠지만, 고모와의 심적 거리는 왠지 가까웠다. 쉽게 만날 수 없다는 사실이 고모와 보내는 시간을 유독 특별하게 만들었던 것 같다. 한국에 머무르시는 그 1분 1초가 너무 소중해서였을까. 고모에게서는 늘 어떤 농축된 진심이 느껴졌다. 더 이상 입꼬리가 더 올라갈 수 있을까 싶을 정도로 활짝 웃으셨고, 온몸의 흥을 끌어올려 춤도 곧잘 추셨다. 문득문득 애틋한 표정으로 식구들을 바라보시기도 했다. 무엇보다 당신의 양손으로 내 손을 따듯하게 감싸주시던 기억. 워낙 잡기 어려운 손이어서 그런지 고모는 그 많은 가족들(10남매 대가족)의 손 하나도 허투루 잡지 않으셨다. 또, 고모는 한국에 오실 때마다 태어나서 처음 보는 초콜릿이며 젤리며, 옷이나 가방 같은 선물을 사 오셨다. 고백하자면 그 선물들을 보고는 어린 마음에 더 신이 나기도 했다. 오랜만에 봬서 어색하지만 선물은 너무나도 특별하고. 감사 인사는 드려야겠고. 쭈뼛거리며 인사를 드리면 어김없이 고모 특유의 푸근한 미소로 나를 안아주셨던 기억. 그 품에 안기는 순간 내 마음속 빗장은 빠르게 풀리곤 했다.

고모의 외동딸인 이딜리 언니는 내가 갓난쟁이일 때쯤 한국에 놀러 왔었던 모양인데, 당연히 나는 기억할 리 없었다. 언니는 사진으로만 볼 수 있는 연예인 같은 존재였다. 또렷한 이목구비와 진한 눈썹, 숱이 풍성하고 꼬불거리는 긴 머리칼을 보며 나는 이미 언니의 매력에 푹 빠져 있었다. 그러다 내가 성인이 된 후에야 언니가 한국에 놀러 왔다. 언니는 사진에서 보던 것보다도 아름다운 사람이었다. 온화한 성품과 따뜻한 미소가 언니를 더 빛나게 했다.

스무 살이 넘어 언니를 처음 만난 건데도 신기하게 낯설지가 않았다. 이게 가족의 힘인가 싶었다. 언니가 독일에 돌아갈 때쯤엔 벌써 정이 들어서 무척 섭섭했다. 다음에 꼭 독일에 놀러 가겠노라고, 언니의 손을 꼭 잡고 말했다.

그 약속을 하고 거의 10년 만이었던 것 같다. 드디어 나는 고모와 이딜리 언니가 있는 베를린으로 향했다. 배우자와 함께였다.

직장인의 휴가는 짧았기에, 우리가 베를린에 머무는 시간은 2박 3일뿐이었다. 게다가 그 짧은 일정 중 소중한 하루를 비행기 연착으로 다 까먹어버렸다. 우리는 3일간 머무르기로 한 언니의 집에 새벽이 되어서야 도착했고, 고모와 언니와 반갑게 상봉한 뒤 그다음 날부터 베를린을 구경했다. 고모는 우리에게 한 곳이라도 더 보여주려고 무리해서 돌아다니셨다. 언니 역시 일 때문에 바쁜데도 우리 때문에 일찍 퇴근해서 함께 시간을 보냈다. 베를린 시내를 정말 많이 걷고 또 걸었다. 하지만 여행지를 돌아다닌 것보다 기억에 깊이 남은 장면은 따로 있다. 바로, 처음으로 고모부를 뵈었던 시간이다.

어렸을 때부터 늘 궁금했다. 해외여행조차 어려웠던 그 시절, 고모는 어떻게 유럽까지 가서 살 용기를 내셨을까. 그렇게 고향을 그리워하면서도 왜 계속 독일에 사신 걸까. 나중에야 '파독 간호사'라는 걸 알게 되었고, 고모 역시 그때 독일로 가신 거겠거니 짐작만 하고 있었다.

베를린에서의 마지막 날. 고모부께서 우리가 있는 곳으로 와주시기로 했다. 내가 고모부에 대해 알던 건 그리스 분이라는 것뿐. 언니네 집에서 고모부를 기다리는 동안 비로소 고모의 러브스토리를 듣게 되었다. 원래는 몇 개월 뒤 한국으로 돌아올 예정이었던 고모가, 가진 것 없는 학생이었던 고모부와 사랑에 빠져 결국 독일에 정착하게 된 이야기. 말도 잘 안 통했지만 그때는 고모부가 그리 좋으셨다고. 오랜 세월이 흘렀음에도 우리에게 이야기하며 부끄러워하시는 모습을 보고 있자니, 나의 마음에도 간지러운 바람이 부는 것 같았다.

드디어 만나 뵌 고모부는 외모만큼 푸근하면서도 낭만이 넘치는 분이었다. 고모부는 그리스 노래를 몇 곡 불러주겠다며 기타를 들고 오셨다. 노래를 부르시기 전에 가사에 담긴 의미를 직접 설명해주셨는데, 고모부가 독어로 말씀하시면 고모가 우리에게 한국말로 통역해주셨다. 시처럼 섬세하고 아름다운 노랫말이었다. 뒤이어 고모부가 기타를 치며 애절한 목소리로 노래를 부르셨다. 고모는 노래 부르는 고모부를 애틋한 눈빛으로 바라보시다가, 그 선율과 가사가 너무 아름다운 나머지 결국 감동의 눈물을 흘리셨다. 그런 두 분을 보니 나까지 덩달아 눈물이 났다. 고모는 이곳에서 감성과 낭만을 잃지 않고 사시는구나. 베를린의 멋들어진 건축물, 푸릇한 자연과 예술 작품. 모든 것이 새롭고 좋았지만, 기타 치며 노래 부르는 고모부와 그런 고모부를 빤히 바라보며 눈시울 붉히던 고모의 얼굴은 베를린의 풍경과는 비교할 수 없을 정도로 뜨겁게 내 가슴 속에 남았다. 한국을 사무치게 그리워하셔도 고모의 삶의 터전은 그곳임을 느꼈다.

베를린에서의 짧은 일정이 끝나가고 있었다. 나와 남편은 아쉬움을 꾹꾹 누르며 짐을 쌌다. 기차 시간을 생각하면 서둘러 나서야 했다. 그 와중에도 언니는 우리를 빈손으로 보내는 게 마음에 걸렸는지, 급히 냉장고를 열어 빵 사이에 크림치즈를 듬뿍 바르고, 햄과 치즈와 채소를 끼워서 우리 손에 쥐여주었다. 기차역에서 우린 한국에서 다시 만나자는 기약 없는 약속을 하며 뜨겁게 포옹했다. 나는 쉬이 떨어지지 않는 발길을 플랫폼으로 돌렸다.

시작부터 쉽지 않았지만, 고모와 고모부와 언니의 애정을 진하게 느꼈던 여행. 샌드위치처럼 겹겹이 쌓인 그 마음들을 생각하며, 베를린을 등지고 떠나는 기차에 앉아 언니표 샌드위치를 한입 크게 베어 물었다. 차갑게 비어져 나오는 크림치즈마냥 내 눈가에도 슬쩍 눈물이 고였다.

아르바이트

 스무 살이 된 후로 다양한 아르바이트를 했다. 나의 첫 일터는 맥도날드였다. 하필 점심시간마다 줄이 출입문 밖으로 이어질 정도로 인기가 많은 지점이었다. 키오스크 같은 건 당연히 없었던 그 시절. 사람들은 자꾸 주문하는 줄과 햄버거를 수령하는 줄을 헷갈렸고, 나는 기계처럼 주문을 받다가도 중간중간 큰 소리로 외쳐야만 했다. "이쪽은 햄버거 수령하시는 줄입니다! 주문 줄에 서주셔야 해요!" 수령 줄에 한참 서 있던 고객들은 나를 흘겨보거나 투덜거리며 주문 줄로 옮겨가곤 했다. 어찌나 말을 많이 하고 소리를 질러댔는지, 런치 할인 시간이 반쯤 지나갈 때면 목에서 피 맛이 날 정도였다. 주문이 밀려서 더 이상 주문을 받기 어려운 자투리 시간에도 나는 쉬지 못하고 감자튀김에 소금을 뿌려서 섞거나 탄산음료를 준비했다. 일회용 종이컵에 얼음을 넣고 콜라 레버를 눌렀는데, 엉뚱하게 투명한 탄산수가 나올 때가 있었다. 그 바쁜 와중에 시럽이 똑 떨어진 것이다. 그럴 때면 얼마 안 남은 내 인내심도 똑 떨어지는 기분이었다. 전쟁 같은 점심시간이 끝나고 나면 숨 돌릴 틈도 없이 홀 청소를 했다. 내 허리까지 오는 큰 쓰레기통을 비워야 하는데 쓰레기를 꾹꾹 눌러 담은 쓰레기봉투는 좀처럼 쉽게 빠지지 않았다. 여름이라 반팔 유니폼을 입고 있었는데, 내 짧은 팔을 거의 겨드랑이가 닿을 때까지 쓰레기통에 집어넣어 쓰레기봉투를 빼내곤 했다. 그리고 나면 팔뚝에 느껴지는 끈적함에 치를 떨었지만 화장실에 가서 그걸 씻어낼 여유도 없었다. 모든 알바생이 힘들게 일하긴 했지만, 나만큼 미련하게 일하는 친구는 없었던 것 같다. 일에 조금 익숙해진 뒤 주변을 둘러보니 매니저와 친한 알바생은 확실히 일을 덜 했다. 중간중간 숨 돌릴 시간도 있어 보였다. 요령을 전혀 부릴 줄 몰랐던 나는 사회생활이란 이런 거구나 조금 깨달았다.

호프집에서 일할 때는 기본 안주로 나가는 뻥튀기에 중독되어 끊임없이 뻥튀기를 주워 먹고 살이 쪘다. 맥주를 컵에 따를

때 거품 비율을 기가 막히게 맞추는 법도 터득했다. 하지만 그때도 나는 빠르고 부지런하게 일할 줄만 알았지 요령껏 일하는 법은 몰랐다. 맥주가 동나면 밖에 있는 창고에서 가게까지 생맥주 통을 끌고 와야 했는데, 성인 남자가 들기에도 무거워서 점장님이 나보고 절대 하지 말라고 했었던 일이다. 바쁜 시간에 생맥주 통을 끌고 와서 기계에 연결하려면 너무 오래 걸렸기 때문에, 미리미리 통 하나를 여분으로 구비해두어야 했다. 하지만 점장님은 그 일에 점점 소홀해지더니 여분의 통을 다 쓴 걸 보고도 창고에 가는 일을 미루기 시작했다. 결국 어느 날 생맥주가 똑 떨어진 타이밍에 점장님이 자리를 비웠고, 나는 젖 먹던 힘을 다해 생맥주 통을 어찌어찌 질질 끌고 오는 데에 성공했다. 그다음부터 그 일은 당연하게 나의 일이 되어 있었다. 마냥 열심히 하는 건 미련한 짓인 건가. 노력하면 할수록 일이 정직하게 불어나는 경험을 하며 늦은 밤 퇴근하고 나면 자주 울었다. 가끔은 마감 후에 주방 이모님이 끝내주게 맛있는 안주를 휘리릭 해주셨는데, 그 음식에 맥주 한잔하면 서러움이 싹 가시기도 했다. 그만둘 때는 점장님께 섭섭했던 것들을 솔직하게 털어놓았다. 점장님은 사과하며, 내가 일을 너무 잘해서 정식 직원으로 채용하고 싶었다고 말했다. 일을 워낙 열심히 하니 거의 잡아둔 물고기라고 생각하셨던 것 같다.

설 선물 배송 도우미를 한 적도 있다. 단기 알바였지만 시급이 쏠쏠하다는 소식을 듣고 지원했다. 택배 기사님과 한 팀을 이루어 기사님이 배송지 앞에 내려주시면, 고객의 집으로 가 초인종을 누르고 정중히 인사를 드린 뒤 준비한 멘트를 하며 선물을 전하는 일이었다. 현장으로 투입되기 전 며칠에 걸쳐 안내 교육을 받았다. 교육이 끝난 뒤, 정장 차림을 하고 사무실에 새벽같이 출근하면 매일 다른 지역으로 배치되었다. 하루는 한 팀이 된 기사님의 차에 타서 조수석에 앉았는데 안전벨트가 안 채워졌다. 기사님, 이거 안 되는데요? 여쭈었더니

아, 맞아요. 그거 고장 났어요. 허허, 하셨다. 체결이 되지 않는 안전벨트를 억지로 꽉 붙들고 있었다. 내 맘도 모르고 안전벨트는 자꾸 위로 당겨지려 했다. 서울을 누비는 택배차의 조수석에서 온종일 사고가 나는 상상을 했다. 눈물이 날 것 같았지만 꾹 참고 하루를 버텼다.

어느 날은 서울의 한 부잣집 동네로 배달을 가기도 했다. 어떤 집에 갔더니 엘리베이터에서 내렸는데도 현관문이 안 보였다. 오른쪽으로 쭉 가보고, 왼쪽으로도 쭉 가봤지만 문이 없었다. 알고 보니 엘리베이터에서 내리자마자 눈앞에 마치 벽처럼 넓고 웅장하게 펼쳐진 것이 현관문이었다. 무거운 과일 세트를 손에 들고 헤매다가 겨우겨우 초인종을 찾아서 눌렀다. 도우미 아주머니께서 그 큰 문을 열고 나와 선물을 받으셨다. 추운 날에 정장 치마를 입고 있는 나를 보곤 차라도 한잔 드릴까요, 물어보셨는데 그 한마디가 어찌나 따뜻했는지.

참으로 춥고 어색하고 어려운 일이었지만, 여러 형태의 초인종을 누르며 내가 모르던 세상들을 경험했다. 내가 살아가는 방식이, 내가 자주 가는 동네가 전부인 줄 알고 살았는데 선물과 함께 배달된 나는 별안간 방방곡곡을 누볐다. 택배 기사님이 어떤 하루를 보내는지도 몸소 체험했다. 그때는 택배도 대면 배달이 원칙이었다. 나는 집에 있으면서도 문을 열기 무섭다는 이유로 초인종 소리에 잠자코 있거나, 그 뒤에 전화가 와도 잘 안 받곤 했었다. 하지만 이 일을 한 뒤로는 택배 기사님의 전화도 꼬박꼬박 잘 받기 시작했다. 선물 배달을 갈 때 도착 30분 전에 고객들에게 미리 전화를 드려야 했는데, 고객이 전화를 안 받을 때마다 마음을 졸이며 문자를 남기곤 했었다. 그나마 나는 조수석에 앉아서 전화를 돌린 데다가 배달과 다음 배달 사이의 간격이 길었지만, 평소 택배 기사님들은 혼자서 모든 일을 다 하셔야 하니 보통 일이 아니겠구나 싶었다. 사정을 속속들이 알게 되면서 나만 생각했던 지난날에 부끄러움을 느꼈다.

그 시절, 아르바이트는 내 작은 세상의 지평을 넓히는 일이었다. 생소한 환경 속에 뛰어들어 모르는 사람들과 함께, 모르는 사람들을 마주하며 여러 가지 일을 배웠다. 힘들고 어렵기도 했지만, 현장에서는 생생하게 세상을 체험할 수 있었다. 서빙하는 사람, 주문받는 사람, 택배 배달해주는 사람의 노고를 알게 되었다. 어디에 가서 무얼 하더라도 그곳에서 일하는 사람의 입장을 헤아리려 노력하게 되었다.

새로운 일을 경험할 때마다 또래보다 한층 성장했음을 또렷하게 느끼기도 했다. 그에 대해 스스로 자부심을 가졌다. 사회에서는 몸이든 마음이든 미련하게 다 쏟아내면 안 된다는 교훈도, 일터에서는 일보다도 사람이 가장 중요하다는 교훈도 얻었다. 교훈을 얻었다고 해서 그것을 내 삶에 잘 적용하지는 못했다. 성격을 고쳐먹는 게 어디 쉬운 일일까. 그래도 가장 파릇파릇한 청춘의 나이에 부딪히고 깨지고 아파하며 눈물

흘리던 그 시간이 나를 단단하게 만들었다.

  모든 것이 불안하고 치열했던 그때를 떠올리면 안쓰럽기도 하다. 비교적 안전한 곳에 발 디디고 조용하게 살아가는 지금이 훨씬 편안하고 좋다. 하지만 한껏 고인 채로 바깥세상이 두려워서 지레 겁부터 먹는 지금의 내 모습을 보면, 한편으로는 당차게 세상을 배워나가던 스무 살 무렵의 내가 가끔 그립다.

서른

갓 서른이 되었을 때, 뭐야, 서른 별거 없네 하며 콧방귀를 뀌었었다. 서른이 되었지만 여전히 멜빵 바지를 즐겨 입는다는 글을 쓰기도 했다. 10대에서 20대로 넘어갈 때는 고등학생에서 대학생으로, 청소년에서 성인으로 가는 드라마틱한 변화가 있었기에 30대도 비슷할 거라 예상했었던 것 같다. 하지만 막상 30대가 되어 보니 바뀌는 건 아무것도 없었다. 아니, 적어도 처음에는 그랬다.

내가 느끼기로 '진짜 30대'는 중반부터였다. 사람은 평생 세 번의 급격한 노화를 겪는데, 그중 한 번이 바로 30대 중반이라는 말을 들은 적 있다. 모두가 그 과정을 겪는 건 아니겠지만 나는 딱 서른넷쯤에 노화의 폭풍을 정통으로 맞았다. 얼굴에 갑자기 주름이 마구 늘어났다는 뜻은 아니다. 다만 몸 여기저기가 릴레이로 고장 나는 바람에, 병원에 거의 직장처럼 출석했다. 그렇게 아픈 뒤로는 새치가 눈에 띄게 늘었다. 머리숱도 평생 걱정해본 적이 없었는데, 눈썹 위쪽 이마가 야금야금 그 모습을 드러내더니 이내 휑해졌을 때는 어찌나 속상했는지 모른다. 이마를 훤히 드러내는 포니테일 머리를 서슴없이 즐겨 했던 나다. 거울을 볼 때마다 이게 무슨 일인가 싶었다. 그동안은 나이 먹는 것에 별 거부감이 없었지만, 이렇게 갑작스레 찾아온 변화를 받아들이는 건 쉽지 않았다.

더 이상 아프기 싫어서 생활 습관을 하나부터 열까지 뜯어 고쳤다. 앉거나 눕는 자세부터 시작해서 식습관, 운동의 종류도 바꿨다. 10년 넘도록 내 삶의 큰 낙이었던 술도 거의 끊다시피 했다. 습관을 바꾸니 건강이 조금씩 좋아졌다. 하지만 건강 염려증이 그림자처럼 따라왔고, 올바르게 생활하고 좋은 음식을 먹어야 한다는 일종의 강박이 나를 항상 짓눌렀다. 얼마 전에는 혼자 점심을 사 먹으러 나갔다가 동네 한 바퀴를 다 돌고도 마땅히 먹을 걸 찾지 못해 집으로 다시 돌아오기도 했다. 사 먹는 음식 중 건강에 좋은 음식은 많지 않았다. 고픈 배를 잡고 추위에 바들바들 떨며 집으로 돌아오던 길. 걷다가 어묵 국물 냄새에 이끌려 자연스레 떡볶이집에 들어가는 한 사람을 보며 부럽다고 생각했다. 이제 나에게 그런 자연스러운 순간은 사라진 걸까. 유난스럽게 관리하며 건강을 얻고는 있지만, 한편으로는 무언가를 잃어버린 듯한 기분이 들 때가 있다.

다른 변화도 있다. 못 입는 옷이 많아졌다. 어떤 옷은 너무 딱 맞아서 숨이 막혀 못 입고, 어떤 옷은 너무 무거워서 어깨가 아파 못 입는다. 옛날에는 멋을 위해 감당했던 모든 것들을 이제는 굳이 감수하려 하지 않는다. 치마나 원피스를 여전히 좋아하지만, 스타킹이 불편해서 여름을 제외하고는 거의 입지 않는다. 20대까지만 해도 소화 불량을 각오한 채로 스타킹을 자주 신었었다. 지금은 스타킹을 신고 근사한 옷을 입는 것보다 속 편히 밥 먹고 그 시간을 온전히 즐기는 게 더 중요해졌다.

그야말로 멋도 없고 재미도 없는 30대 사람이 되었다. 내가 30대를 보내며 깨달은 삶의 진리가 있는데(겨우 30년 살아놓고 진리를 운운하는 게 우습지만, 그럼에도 감히 진리라고 똑똑히 말할 수 있다), 이마저도 정말이지 싱겁고 재미가 없다. 그 진리는 열심히 살아야 한다는 것도, 돈을 많이 벌어야 한다는 것도, 공부를 잘해야 된다는 것도, 행복하게 살아야 한다는 것도 아니다. 인생을 잘 살기 위해서는 잘 먹고 잘 자는 게 가장 중요하다는 것이다. 나는 원체 예민해서 작은 일에도 잠을 못 자고, 소화를 잘 못 시킨다. 그럴 때마다 잘 먹고 잘 자는 게 인간에게 얼마나 중한 일인지 깨닫곤 한다.

아무리 힘든 일을 겪었더라도 한숨 푹 자고 일어나면 어느 정도 리셋이 된다. 단, 잠들 수만 있다면. 또 아무리 지쳤더라도 맛있고 든든한 밥 한 끼 제대로 먹으면 다시 일어날 힘이 생긴다. 잘 먹고 소화시킬 수만 있다면. 이 시시하고도 소소한 질서가 제자리에서 제대로 돌아갈 때 일상이 윤택해진다. 거

창한 꿈같은 건 차치하고, 이런 심심한 진리를 깨닫고는 고개를 끄덕이는 것이 바로 나의 30대라고 할 수 있겠다.

식빵
일탈

 평소처럼 밤 11시쯤 침대로 향하는데 싸한 느낌이 밀려왔다. 온몸의 에너지가 싹 빠져나가며 텅 빈 듯한 기분. 바닥을 지탱하고 있는 다리와 손에 든 물컵이 파들파들. 머리가 핑글핑글… 당이 떨어져버린 것이다. 저녁을 부실하게 먹으면 이런 순간이 참 정직하게 찾아온다.

 얼른 자버리는 것으로 해결하면 좋겠지만 불행히도 나는 배고프면 잠을 못 잔다. 온몸이 하나의 풍선이 된 것처럼 허해지면서, 침대에 묵직하게 녹아들지 못하고 붕붕 뜬다. 그렇다고 야식을 먹기도 부담스럽다. 역류성 식도염 때문에 음식을 먹으면 최소 세 시간은 기다렸다가 누워야 하는 운명이니까. 오늘 밤은 잠에 들기 어렵겠다는 불길한 예감을 애써 외면하며 이불을 목까지 끌어올렸다. 이불 속 온기는 훈훈하고 가습기 덕에 공기도 촉촉하니 자연스럽게 스르륵 잠들면 돼. 그렇게 생각만 하며 뒤척거리길 몇 시간. 갈수록 두통에 속 쓰림까지 따라와 더 이상 외면하기 어려운 상태가 되자, 결국 나는 이불을 박차고 일어났다. 시계를 보니 새벽 2시. 배가 고프다는 이유로 이 시간에 자다 말고(물론 잠에 들지는 못했지만) 일어나야 한다니. 이놈의 몸뚱이가 원망스러웠다.

  그나마 이 시간에 먹을 수 있는 건 두유 정도겠거니 싶어, 두유 팩을 열심히 흔든 뒤 빨대를 꽂았다. 그런데 내일 아침에 먹으려고 식탁 위에 꺼내 둔 식빵이 뽀얀 속살을 드러낸 채 나를 유혹한다. 부스럭 소리에 남편이 깰까 봐 서재로 살금살금 들고 왔다. 식빵 한 장을 꺼내 결대로 죽 찢어서 우걱우걱 먹는데 왜 이리 부드럽고 맛있는지. 오밤중에 일어나서 머리는 산발을 한 채 식빵 뜯어 먹는 내 모습이 웃기기도 하고, 무엇보다 낯설지가 않아서 혼자 새실거렸다. 부모님이랑 살 때는 자주 이랬었는데. 그때는 더 어렸으니 역류성 식도염이고 뭐고 일단 배가 고프면 새벽에도 뭐든 찾아서 먹었다. 특히 까치발 들고 부엌을 탐색하다가 냄비 뚜껑 열고 김치찌개에 **빠진 돼지고기** 골라 먹는 그 맛이 아주 기가 막혔지. 식탁 위에 식빵이라도 있는 날에는 뭐에 씐 사람처럼 몇 장씩 먹어 치우곤 했다. 먹고 후회한 적도 많긴 했지만 어쨌든 부른 배를 빵빵 두드리며, 까짓거 오늘 좀 늦게 자면 되지 뭐, 시원하게 넘겼던 날들. 아침이 밝아오면 엄마가 이걸 어떻게 다 먹었냐며 동그래진 눈으로 나를 쳐다보셨었지.

소심하게 움직이는 소리에도 결국 잠이 깬 달콩이는 느릿느릿 쫓아와 졸린 눈으로 날 쳐다본다. 엄마, 왜 안 하던 짓을 해? 묻는 것처럼. 괜히 죄짓다가 들킨 양 민망하지만, 몸에 무언가 차오르면서 비로소 안정감이 찾아온다. 붕붕 뜨던 풍선이 이제야 중력의 힘을 받아 바닥에 착지하는 기분이랄까. 정석대로 세 시간이나 버티면 아침이 찾아와버릴 테니, 오늘은 한 시간만 버텨보기로 다짐하며 노트북 열고 피식거리며 글을 쓴다.

정직하게 사느라 재미없는 30대가 된 내가 오늘 새벽 귀여운 일탈을 하나 했다. 물론 바른 생활 아줌마는 식빵을 먹기 전에도, 먹은 뒤에도 꼼꼼히 양치를 했다. 식빵은 겨우 한 장에서 그쳤다. 그러니 일탈이라 말하기에는 너무 소소하지만, 출출함도 해결하고 지나간 추억까지 곱씹으며 웃었던 시간. 뒷일은 덜 걱정하고 현재가 가장 중요했던 그 시절도, 내일을 우려하며 적당한 타협 아래에서 선을 지키는 지금도, 어쨌든 약간의 일탈이 나의 주린 배와 영혼을 함께 채워준다는 점에서는 변함이 없다.

플라스틱
회귀

나는 고분자공학을 전공했다. '뭐? 복분자?'라는 물음이 여기까지 들리는 것 같다. 전공을 소개하면 열 명 중 아홉 명은 그런 반응을 보인다. 고분자의 대표적인 예가 플라스틱이라고 말하면, 또 열에 아홉은 그제야 고개를 끄덕인다.

플라스틱의 종류는 과거의 모습으로 다시 돌아갈 수 있는 플라스틱과 그럴 수 없는 플라스틱으로 나뉜다. 열가소성 플라스틱의 경우 열을 가하면 녹아서 다시 액체 상태로 돌아가기 때문에, 새로운 모양의 플라스틱으로 다시 굳힐 수 있다. 우리가 흔히 사용하는 페트병이 바로 열가소성 플라스틱이다. 반면 열경화성 플라스틱은 분자 간의 결합이 그물처럼 단단해서, 한번 플라스틱으로 만들어진 다음에는 열을 가해도 타버릴 뿐 과거로 돌아가지 못한다. 한번 구워진 도자기는 다시 진흙으로 돌아갈 수 없는 것처럼.

한번 지나가버린 시간은 결코 되돌릴 수 없으니, 우리의 삶은 열경화성 플라스틱의 속성을 닮았다고 할 수 있겠다. 하지만 열가소성 플라스틱의 길마저도 상상할 줄 아는 것이 다른 동물과 구분되는 인간의 능력이다.

만약 과거로 돌아갈 수 있다면, 나는 지금과는 다른 선택을 하게 될까?

난 평소에 쓸데없이 과거를 자주 돌아보고, 그만큼 후회도 많이 하는 편이다. 요즘도 무려 10년 전, 20년 전 일을 떠올리다 말고 부끄러움에 몸서리를 친다. 하지만 막상 인생에 있어 묵직했던 사건들을 톺아보니, 다시 돌아간다 해도 나는 결국 비슷한 선택을 할 듯하다. 다시 고등학생이 된다 해도 문과가 아닌 이과를 선택할 것이고, 역시나 화학 계열을 전공할 것 같다. 누군가가 뜯어말려도 고집을 부려 대학원에 갈 것이며, 끝내 나와 맞지 않는 연구원의 길을 선택해버리고 말 것 같다. 그 덕에 지금처럼 입사와 퇴사를 반복하며 방황하게 될지라도 어쩔 수가 없다. 이 모든 걸 이미 겪은 내가 나타나서 다른 길을 택하라고 말해준다면 조금 달라질 수도 있겠지만, 안타깝게도 열가소성 고분자는 열을 가하면 대부분 이전의 이력들을 지워버린다.

진로 이외의 일들 역시 마찬가지다. 수치심을 느낄지라도 열심히 사랑을 찾아다닐 것이고, 배신당하고 상처받을지라도 같은 친구들에게 마음을 줄 것이다. 죄송한 말씀이지만 사춘기 때는 부모님께 똑같이 짜증을 부릴 것이며, 오빠가 아무리 책 읽으라고 잔소리를 해도 쥐뿔도 안 듣다가 늦게서야 독서에 빠질 것이다. 돌고 돌아 결국 어떤 방법으로든 남편을 만나 결혼할 것이고, 달콩이를 입양할 것이다. 또, 어떤 방식으로든 글을 쓸 것이다.

여전히 나는 '안정적인 직장인'의 삶을 갈망하고, 그 길을 걷고 있지 못한 나의 현실이 가끔씩 사무치게 밉다. 취업 시장에 더 치열하게 뛰어들었더라면 결국 그 길에 닿을 수 있었을까? 생각하다가, 그 이상 뭘 어떻게 더 했겠어. 나에게는 최선이었어, 라고 자답해보지만 딱히 위안은 못 된다. 그러다 '만약 안정적으로 살고 있었다면 글 쓰는 삶과 이만큼 가까워지기는 어려웠겠지'라는 생각이 드는 순간 나의 선택은 합당한 것이 되고, 그제야 못난 마음은 사그라든다.

  어차피 과거로는 돌아갈 수 없으니, 나는 지나온 나의 선택들을 이런 방식으로 토닥이고 존중하며 살아간다. 특히 글쓰기를 택했다는 것의 근거로서는 내 삶의 모든 서사를 끌어온다 해도 말이 된다. 일단, 고분자로 시작해서 글쓰기로 끝나는 이런 엉뚱한 글을 쓰는 사람은 흔하지 않을 테니 말이다.

▼..5..6..0..1..2..3

Part 4. 어디서

그곳의 결을 따라

세상은 더 이상 내게 저절로 쏟아져 들어오지 않는다.

공항버스 정류장

 여행을 사랑하는 지금의 나는 '공항'이라는 두 글자만 들어도 설레고, '공항버스'라는 네 글자만으로도 유난스럽게 달뜬다. 하지만 그 장소가 나에게 늘 기쁨만을 선사했던 건 아니다. 공항에서 친오빠와 언젠가를 기약하며 헤어지던, 그때마다 주룩주룩 눈물을 흘리던 기억이 짙게 남아 있다.

 오빠가 처음 미국으로 떠날 때 따라갔던 인천 공항은 낯설었다. 멋지고 도시적인 공항 건물을 보며 나는 다른 세상에 온 듯한 괴리감을 느꼈다. 그 커다랗고 차가운 공간은 내가 슬프든 슬프지 않든 무신경한 것처럼 보였다. 함께 이민 가방을 부치고 게이트 앞에서 오빠를 떠나보내던 그때, 나는 지금껏 겪어보지 못했던 가족과의 이별 앞에서 세상이 무너지기라도 한 것처럼 엉엉 울었다.

 그로부터 거의 20년이 지났지만, 창피하게도 나는 여전히 오빠와 헤어질 때마다 눈물을 흘린다. 이제 그 눈물은 사연 있는 눈물이라기보단 습관적으로 흘리는 눈물에 가깝다. '눈물

버튼'이라는 말도 있지 않은가. 출국하러 가는 오빠와의 인사가 나에게는 딱 눈물 버튼이다. 굳이 슬픈 생각을 하지 않는데도, 예전보다는 훨씬(그래봐야 1~2년에 한 번꼴이지만) 자주 볼 수 있으니 괜찮다고 생각하는데도, 눈물은 자동으로 눈가를 따라 빠르게 퍼져 이내 볼을 타고 떨어져버린다. 옛날에는 오빠도 같이 눈물짓곤 했지만 이제는 놀린답시고 울고 있는 못생긴 동생의 모습을 카메라로 찍는다. 에이씨, 찍지 마! 툴툴거리면서 울다가 웃다가 엉덩이에 뿔이 난 채로 오빠를 보낸다.

  그래도 요즘은 짧게 울고 금방 씩씩하게 일상으로 돌아간다. 작별 인사를 하는 장소가 바뀐 것이 나의 눈물 수도꼭지를 잠그는 데 가장 큰 도움이 되었다. 이전에는 오빠를 공항까지 배웅했다면, 이제 우리 가족은 공항버스 정류장까지만 오빠를 배웅하러 나간다. 정류장에 도착하면 버스가 오기까지 몇 분 남았는지 확인한다. 못다 한 말들을 빠르게 주고받고 마지막으로 가족 셀카를 찍는 동안 시간은 흘러 저 멀리 큼직한 공항버스가 빼꼼 모습을 드러낸다. 버스를 보는 순간 나의 눈물 버튼은 눌러진다. 딸깍, 또르륵. 가족들이 서로 번갈아가며 포옹하고, 눈물을 훔치고, 아쉬운 마음을… 으로 이어지는 긴 문장을 쓸 새도 없이, 버스 기사님은 버스를 세우자마자 곧장 내리신다. 요란하게 짐칸을 올려 여신다. 몇 터미널이세요, 물어보시면 오빠가 대답하고 우리들은 앞다투어 오빠의 캐리어를 짐칸에 넣는다. 빨리 타세요, 빨리요! 재촉하시는 기사님과 다른 승객들에 섞여 어어어 하는 사이 오빠는 이미 버스에 타 있다. 오빠는 버스 안에서, 우리들은 버스 밖에서 열심히 손을 흔든다. 정류장에 덩그러니 남은 우리 가족들은 서로를 한 번씩 토닥여주고는 일상으로 돌아간다.

 버스 정류장에서 하는 작별 인사는 공항에서 하는 작별 인사와 다르다. 공항에선 떠나는 이가 100퍼센트 자신의 의지로 게이트에 들어가야 한다. 지각해서 1분을 앞다투는 상황이 아닌 이상, 만 킬로미터 떨어진 그곳으로 향하는 발걸음을 자발적으로 옮겨야만 한다. 떠나는 이는 남겨진 이들의 슬픈 눈을 앞에 두고 뒤돌아선다. 이제 가면 또 언제 보나. 미련은 모래주머니처럼 무겁게 발을 붙들지만, 그 힘을 뿌리치고 한 발, 한 발 옮긴다. 벽 사이로 서로가 보이지 않을 때까지 여러 번 뒤를 돌아보고, 걸음을 멈추었다가 다시 걷기를 반복한다. 그 짧으면서도 긴 시간 동안 떠나는 이도 남겨진 이도 생각이 많아진다. 감정은 정제되지 못한 채 끊임없이 끓어 넘친다.

하지만 버스는 다르다. 우리를 계속 기다려주지 않는다. 속 깊숙이서 끓을지 말지 고민 중인 감정을 태평하게 들여다보고 데울 여유가 없다. 서로가 밟고 있는 공간이 나누어진 뒤 버스는 미련 없이 출발해버린다. 가만히 있어도 물리적 거리는 빠르게 멀어진다. 떠나간 버스를 보며 우리가 할 일은 그저 그 상황을 받아들이는 것뿐. 이별의 시간이 짧아 아쉬운 마음도 들지만, 떠나는 오빠 역시 차라리 이게 낫다고 말했다.

"버스 떠났다"는 말이 괜히 있는 게 아니다. 떠나버린 버스는 우리의 힘으로 되돌릴 수 없고, 한번 타버린 버스는 우리의 의지와 상관없이 앞으로만 나아간다. 자신이 하기 힘겨운 일을 이렇게 세상이 대신해줄 때, 선택하기 어려운 길을 무심히 선택하고 이끌어줄 때 우리는 오히려 안도한다.

세상에는 버스처럼, 망설이는 우리의 손을 이끌고 다른 곳으로 데려가주는 것이 생각보다 많다. 가끔은 무거운 모래주머니를 내려두고 그들에 올라타 후련히 내 몸을 맡겨보는 것도 괜찮겠다. 안 그래도 매 순간 선택의 연속 앞에서 망설여야 하는 우리가, 이 세상을 그나마 덜 복잡하게 살아갈 수 있는 방법이 될 것이다.

먹구름

 자가용을 몰고 강원도로 여행을 떠나던 길. 머리 위에 먹구름이 가득했다. 하지만 우리가 가고 있는 방향의 하늘은 거짓말처럼 맑았다. 멀리 있었지만 분명히 깨끗하고 파아란 하늘이었다. 그 청명한 하늘을 향해 가고 있자니, 내가 먹구름 아래를 지나고 있다는 사실을 쉽게 잊을 수 있었다. 자연스레 시선이 향하는 곳은 현재가 아닌 미래였다. 몇 시간 뒤 우리가 도착할 그곳.

 지금 내가 걷는 곳이 비록 먹구름 아래라 해도, 저 먼 곳의 맑은 하늘을 바라보며 힘차게 나아간다면 머리 위 먹구름은 보이지 않을 것이다. 그렇게 꾸준히 걷다 보면 어느 순간 파란 하늘 아래를 걷고 있겠지. 현실이 아무리 고달파도 희망만 있다면 우리는 살아갈 수 있다.

이어폰
세상의 소리

  학창 시절의 나는 내 안으로 끊임없이 쏟아져 들어오는 세상을 받아들이느라 정신이 없었다. 어제의 수업 시간에 배운 내용을 소화하지 못했어도, 오늘은 여지없이 새로운 지식을 배워야 했다. 매일 배운 내용은 쌓이고 쌓여 시험 범위가 되었다. 공부는 그나마 친절한 축에 속했다. 직접 부딪혀가며 배워야 하는 인간관계는 누가 가르쳐주지도 않았다. 그저 친구들과 만나고, 헤어지고, 미워도 해보고, 배신도 당해보며 스스로 깨우쳐나가야 했다. 어디 그뿐이랴. 나는 과연 어떤 사람인가, 하는 질문은 매일 나를 괴롭혔다. 혼란스러운 그 질문에 매번 다른 답변을 내놓을 수도 있었다. 안정적일 수 없는 하루하루였다. 매일 비슷한 시간에 등교하고 하교하는 똑같은 일상처럼 보여도, 그 어떤 것도 어제와 같지 않았다. 가만히 있어도 내 주변 풍경은, 사람들은, 공부해야 할 범위는, 변해갔다. 심지어 나 자신까지도. 더 이상 새로운 걸 받아들일 자리가 없는데도 세상은 멈추지 않고 나에게로 쏟아졌다.

틈날 때마다 귀에 이어폰을 꽂았다. 소리를 차단하는 것. 세상을 막기 위해 내 손으로 할 수 있는 가장 쉬운 방법이었다. 세상을 멈추게 할 수도, 시끄러운 세상을 고요하게 만들 수도 없었지만 나의 작은 두 귀를 막는 건 쉬웠다. 좋아하는 음악들을 반복해서 들었다. 예측 가능한 소리의 흐름은 안정감을 주었다. 고막이 따가울 정도로 볼륨을 높였다. 조금의 틈새도 허락하지 않을 것처럼. 지나가던 사람들은 아마 내가 듣는 음악의 비트를 훔쳐 들을 수 있었을 테고, 얘는 참으로 분노가 많구나 생각했을지도 모른다. 귀가 망가질 지경까지 음악을 듣다 보면 정말로 세상이 멈춰있는 듯한 착각이 들기도 했다. 판타지 소설 속에서 주인공이 다른 세계로 넘어가 있는 동안, 대개 현실의 시계는 멈춰 있는 것처럼.

그때와 지금은 다르다. 세상은 더 이상 내게 저절로 쏟아져 들어오지 않는다. 일상은 대부분 이미 겪어본 일들로 흘러간다. 놀라거나 감탄할 일도, 격하게 웃거나 울 일도 점점 줄어든다. 틀에 박힌 하루하루의 연속이다. 눈과 귀와 입을 닫을수록 그 틀은 더 견고해진다. 가만히 있으면 그 누구도 세상을 가르쳐주지 않는다. 내가 적극적으로 탐색해야만 새로운 세상을 알아갈 수 있다.

밖에 나갈 때마다 습관처럼 이어폰을 귀에 가져가다가도, 요즘은 금방 빼곤 한다. 세상의 소리가 궁금해졌기 때문이다. 특히 사람들의 목소리에 귀 기울인다. 요즘 학생들은 어떤 주제로 이야기를 나누는지, 엄마 또래의 아주머니들은 주로 어떤 대화를 하시는지. 어르신들의 대화를 엿들을 때는 삶의 지혜 같은 걸 건질 수 있지 않을까 넌지시 기대하기도 한다. 나와 다른 환경에서 사는 사람의 이야기를 들으며 나랑 참 다르다든지, 사람 사는 거 다 똑같다든지 하는 생각을 한다. 사람들의 이야기를 훔쳐 듣는다고 고백하자니 부끄럽지만, 이렇게라도 하지 않으면 나만의 캄캄하고 좁은 동굴 속에서 벗어

날 도리가 없다. 책이나 TV로는 느끼지 못하는 생동감이 사람들의 대화 속에 있다.

  얼마 전에는 길을 걷는데 누군가가 흥얼거리는 노랫소리가 들려왔다. 노래의 주인공은 키가 크고 옷도 멋지게 잘 차려입으신 신사 할아버지였다. 할아버지는 나뭇잎이 우수수 떨어진 가로수 아래에서 바닥을 응시하며 노래를 부르고 계셨다. 무엇이 그리 즐거우실까 궁금하여 살펴보았는데, 할아버지는 발로 낙엽을 살살 흩으시더니 보물이라도 찾은 듯 낙엽 하나를 주우셨다. 그렇게 예쁜 낙엽을 하나하나 골라 주워서 한쪽 손에 모으고 계셨다. 오래도록 잊고 살던 낭만이 떠올라, 나 역시 떨어진 은행나무 잎 중에 노랗고 모양이 예쁜 것을 골라 주웠다. 집에 돌아와 책 사이에 끼워두고는 그동안 이 좋은 걸 왜 잊고 살았나 싶었다. 가을이 가는 걸 아까워할 줄만 알았지. 이렇게 쉽게 가을을 잡아둘 수 있는데.

이어폰으로 귀를 막으면 커튼을 친 듯 세상이 한 꺼풀 뿌예진다. 귀를 닫았을 뿐인데 눈까지 흐려지는 건 왜인지 모르겠다. 귀를 열고 눈을 뜬 채 새가 노래하는 소리와 지하철 안내 방송, 사람들의 목소리와 옷차림과 걷는 모양새를 듣고 본다. 그러고 나면 똑같은 하루 속에서도 조금은 새로운 세상을 배운 듯한 기분이 든다.

이어폰 한쪽이 고장 난 지 오래됐지만 굳이 고치지도, 바꾸지도 않는다. 예전 같으면 하루도 못 견뎠을 것이다. 지금은 한쪽만 나오는 이어폰을 꽂고 음악을 켰다가, 이내 빼버린다. 대신 세상이 삐걱삐걱 돌아가며 제각각 내는 아우성에 귀를 기울여본다.

김밥 장인

나는 김밥 마는 법을 엄마가 아닌 남편에게 배웠다.

김밥이라 하면, 엄마가 각양각색의 재료들을 늘어두고 뚱뚱하게 말아주시던 김밥이 가장 먼저 생각난다. 나는 늘 엄마의 뒷모습을 지켜보며 꽁다리가 나올 타이밍만 기다리곤 했다. 엄마가 김밥을 썰면 그릇에 담기도 전에 하나씩 쏙쏙 빼먹는 그 맛이 일품이었다.

엄마가 손으로 꾹꾹 눌러가며 야무지게 김밥을 마는 모습을 보고 있으면 왠지 나도 따라 해보고 싶어졌다. 머뭇거리다가 용기 내어 김밥 발을 몇 번 잡았지만, 그때마다 보기 좋게 실패했다. 분명히 엄마가 했던 것과 똑같이 밥을 올리고 재료를 올리고 꾹꾹 눌러가며 말았는데 못생긴 데다 옆구리까지 터진 김밥만이 탄생했다. 그마저도 끝까지 말지 못할 때도 있었다. 썰기도 어려운 모양의 김밥을 손에 든 채 벌칙처럼 먹곤 했다. 다행히 맛은 좋네, 하면서.

나는 끝까지 김밥 마는 법을 터득하지 못한 채 결혼했다. 평소 김밥을 사 먹을 때 나는 한 줄 이상 먹지 못한다. 그런데 엄마가 집에서 김밥을 싸실 때면 셀 수도 없이 많은 양의 김밥을 먹곤 했다. 위가 몇 배씩 늘어날 정도로 집 김밥을 좋아하는데. 이제는 어쩌나. 나의 고민을 듣던 남편이 씨익 웃으며 얘기했다.

"뭘 걱정해? 나 김밥 장인이야."

그의 말을 증명하고자 우리는 마트에 가서 김밥 재료를 잔뜩 사 왔다. 달걀 풀어 지단 부치고 당근 채 썰어 볶고 햄이랑 맛살 굽고 시금치는 소금 넣어 데쳤다. 아삭함을 더해줄 오이와 단무지, 우엉, 특별히 깻잎과 참치까지 준비했다. 남편이 김밥을 싸기 시작하자 그가 부린 자부심이 한방에 납득이 되었다. 그는 까만 김 위에 흰 쌀알을 펼쳐서 그 위에 재료를 쌓고는, 두 손으로 말고, 누르고, 말고, 누르고를 반복하더니 예쁜 김밥을 완성했다. 손놀림에 거침이 없었다. 분명 한두 번 해본 솜씨가 아니었다. 나는 그가 김밥을 돌돌 말 때마다 우와, 우와! 환호성을 질러댔다.

그가 김밥 한 줄을 다 싸면, 나는 도마 위에 옮겨서 참기름 바른 뒤 가지런히 썰었다. 참깨 솔솔 뿌리는 것도 잊지 않았다. 꽁다리는 사이좋게 한 개씩 나누어 먹었다. 금세 치즈김밥, 김치김밥, 참치김밥까지 탄생했다. 너무나도 쉽게 김밥을 싸는 남편을 보니 왠지 또 용기가 스멀스멀 올라왔.

"이번엔 내가 싸볼래!"

무작정 김 위에 밥을 크게 한 주걱 터억, 올렸다. 어디서 본 건 있어서 다섯 손가락을 오므린 채로 야무지게 밥알을 펼치고 있는데 그가 말했다. 밥을 얇게 올려야 예쁘게 쌀 수 있다고. 김밥 장인의 세심한 감독 끝에 드디어 나도 제법 김밥다운 김밥을 완성했다. 너무 재미있고 맛있어서 다음 끼니에도, 그 다음 끼니에도 김밥을 말았다.

궁금해졌다. 30대 남자가 어떻게 김밥을 이렇게 잘 싸는 걸까. 김밥집에서 아르바이트한 적 있냐고 물었더니 아니란다. 그냥 부모님이랑 같이 살 때 종종 싸 먹었단다. 그러다 파주에 있는 시댁에 놀러 간 어느 날, 나는 남편이 김밥 장인이 된 비결을 확실히 알게 되었다.

그날 점심 메뉴는 김밥이었다. 어머님이 장난스럽게 웃으며 나에게 '파주식 김밥'이란 게 있다고 알려주셨다. 오호, 파주식 김밥이라는 게 있구나. 김밥 장인이 살던 지역은 역시 다르네. 혼자 중얼거리면서 검색해보려는데, 남편이 어머님과 눈을 마주치고는 수상쩍게 후후 웃더니 설명했다. "사실 파주식 김밥 같은 건 없고, 그냥 우리 집이 김밥 싸 먹는 방식이야. 우린 김밥 쌀 때 본인이 먹을 김밥을 각자 싸서 먹거든."

식탁 정 가운데에 김밥 재료를 줄 세우고, 각자 앞에 쟁반을 하나씩 두었다. 아버님도, 어머님도, 남편도, 도련님도, 나도 옹기종기 모여 김밥을 쌌다. 곁눈질로 살펴보니 이 집 식구들이 모두 김밥 장인이었다. 김밥 발 없이도 김밥을 예쁘게 말 줄 아는 수준급 실력이었다. 그 사이에서 나 역시 남편에게 배운 대로 자연스럽게 김밥을 말았다. 원래도 가족이었지만, 이 식구들 사이에서 이질감 없이 딱 들어맞는 진짜 가족이 된 기분이었다. 저마다의 개성을 가진 재료가 한데 어우러져 끝내주게 맛있는 김밥이 되듯이.

  다 말은 김밥을 접시에 올려두면 어머님께서 썰어서 내 입에 넣어주셨다. 김밥을 썰 때마다 나무 도마가 내는 사각사각 소리가 경쾌했다.

달

 스물다섯의 겨울. 대학원생이었던 나는 3개월간 미국의 미시간주로 파견을 가게 되었다. 인생 처음으로 부모님과 떨어져 지낸 시간. 솔직히 그리움보다는 해방감이 좀 더 컸더랬다.

 하지만 엄마는 그렇게 짧은 기간에도 나를 많이 그리워했다. 그놈의 미국이 뭐길래, 아들도 데려가더니 이젠 딸까지 데려가버리냐며 원망하기도 하셨다.

 미시간의 겨울은 혹독하게 추웠고, 온종일 눈이 오다가 허리까지 쌓이는 일이 일상다반사였다. 눈이 오지 않는 날에는 하늘이 참으로 맑고 깊었다. 호오오 불면, 입김이 까만 허공 위로 날아가다가 이내 흩어졌다. 그에 시선을 옮기다 보면 아주 또렷한, 동그라미 속의 토끼마저 선명하게 보이는 달이 도동실 떠 있었다.

 달을 보며 나는 한국을 떠나오기 전 엄마가 했던 말을 떠올렸다.

 "온정아. 미국 땅에서 달을 볼 때면, '아, 엄마도 지구 반대편에서 이거랑 똑같은 달을 보겠구나' 하고 생각해. 그리곤 엄마를 떠올려 줘. 알겠지?"

그 덕에 나는 추운 밤마다 달을 보며 엄마를 생각했다. 엄마도 나와 같은 달을 보셨겠구나. 달 보면서 내 생각하셨겠구나. 엄마. 나도, 나도 달 보면서 엄마 생각하고 있어요. 내일도, 모레도, 달을 볼 때면 꼭 엄마 생각할게요.

두 볼이 한껏 차가워지는 겨울이면, 여전히 미시간에서 보던 선명한 달이 떠오른다. 그 달을 보며 떠올리던 엄마도 함께.

도서관

 오늘도 도서관에 갔다가 다 읽지도 못할 책을 잔뜩 짊어지고 왔다. 그런 날 보며 남편이 '책심쟁이'라고 놀리길래 웃었다. 서점이나 도서관에 갈 때마다 세상에 책이 얼마나 많은지 실감한다. 빌리기 위해 부러 찾아둔 책, 몰랐다가 새로이 알게 된 책, 잊고 살았는데 제목을 보니 기억나는 책을 서가에서 만난다. 서점에 가면 신간이나 베스트셀러, 광고 책, 매대 위의 책 위주로 보게 되는 반면, 도서관에서는 조금 더 공평한 눈으로 책을 바라볼 수 있다. 몇만 부씩 팔린 베스트셀러나 1쇄에서 그친 책, 나온 지 오래된 책과 최근에 나온 책까지. 모두가 똑같이 책등만 내보인 채 가나다 순으로 나란히 줄지어 있으니까.

 읽고 싶은 분야를 정한 뒤 서가와 서가 사이를 누빈다. 제목을 보고 끌리는 책은 꺼내어 훑어본다. 기왕이면 깨끗한 책을 빌리고 싶다고 생각하는 순간 딜레마가 시작된다. 해지고 누레진 책일수록 인기가 많은 책이고, 깨끗한 책은 그만큼 찾는 사람이 없다는 뜻이다. 공평해 보이는 이 안에도 어쩔 수 없는 빈부격차가 숨어 있다. 대중이 잘 모른다 해도 막상 읽어보면 반짝거리는 원석이길 기대하며, 깨끗한 책을 몇 개 고른다.

누군가가 내 책도 이런 식으로 찾아줬으면 좋겠다는 생각을 잠시 한다. 가끔은 내 책이 있는 자리에 가보기도 한다. 최근에 나온 책은 너무 깨끗해서 아쉽고, 이전 책은 꼬질꼬질해서 아쉬운 마음이 든다. 대출 수가 많아서 손때가 탄 거라면 좋을 텐데. 펼쳐서 훑어보니 소수가 빌려서 험하게 읽은 듯한 느낌이다. 왠지 모르게 섭섭한 마음과 그래도 이 자리에 내 책이 있음에 감사한 마음이 섞여든다.

이제 나는 순수한 독자의 눈으로만 책을 바라보지 못한다. 작가와 독자, 두 개의 자아를 지닌 채 서점에 가고 도서관에 간다. 책장을 넘겨 활자를 읽을 때도 마찬가지다. 어떤 분야의 책이든 저자가 무슨 마음으로 이 글을 썼을지, 쓰는 과정은 어땠을지 헤아려보며 읽는다. 책이 가진 특징이나 구성을 공부하듯 읽기도 하고, 디자인을 꼼꼼하게 분석해보기도 한다.

 이 글이 실릴 나의 새 책도 아마 도서관의 수필 서가에 꽂힐 것이다. 부디 많은 '책심쟁이'들의 눈에 띄기를. 손때가 적당히 묻은 모습으로 서가에서 쉬고 있다가, 언젠가 문득 찾아온 나를 반겨주기를.

장점

  얼마 전, 책 출간 기념으로 출판사에서 인터뷰 촬영을 제안해왔다. 대부분 질문에는 준비한 대로 어찌어찌 잘 대답했는데, 즉석 질문이 날아오는 순간 나는 얼어버렸다.

  "작가님이 생각하시는 본인의 장점은 무엇인가요?"

  정적이 흘렀고, 난 민망함에 허허 웃었다. 아무리 생각해보아도 떠오르는 게 없었다. 내 장점이 대체 뭐지. 뭐가 있을까. 카메라 앞에서 어쩔 줄 몰라 하며 머리를 쥐어짜다가 다행히 뭐라도 생각이 나서 반갑게 대답했다.

  "남의 장점을 잘 찾는 게 저의 장점이에요."

  겨우 찾아낸 단 하나의 장점이 남의 장점을 잘 찾아내는 거라니. 역시 나답다 싶어서, 집으로 돌아오는 길에 씁쓸하게 웃었다.

  이럴 때면 내가 스스로에게 얼마나 인색한지 알게 된다. 주변 사람들이 하는 일이나 취미 활동, 그들이 입은 옷이나 외모, 사소한 습관까지도 나는 자주 칭찬한다. 입에 발린 소리는 또 못 하는 편이라 내 입에서 나오는 칭찬은 속에서 우러나온 진심이다. 그런데 그 상대가 나일 때는 완전히 달라진다. 부족한 점부터 찾고 비난하기에 바쁘다. 똑같은 행동도 남이 하면 장점이고 내가 하면 못난 것이 된다. 그런 채찍질이 나를 발전시키기는 했지만, 덕분에 어려서부터 늘 자존감이 낮았다. 타인의 인정에 자꾸 집착하게 되었고, 그러다 보니 인정받지 못할 때마다 괴로웠다.

그 방식에 문제가 많다는 걸 깨달은 뒤로는 평가 기준을 외부가 아닌 내면에서 찾는다. 하지만 어째 나만의 잣대는 그만큼 더 엄격해진 것 같다. 이제 타인이 아무리 인정해주어도 내가 만족하지 못하면 별 소용이 없다. 이제나저제나 나의 자존감은 올라갈 기회를 못 잡는다.

인터뷰를 하고 나서야 깨달았다. 이 굴레를 벗어나는 법은 쉽다는 걸. 타인을 볼 때의 시선으로 나 자신을 바라보면 그만이다. 가장 단순하지만 가장 어려운 그 일. 그래도 나를 위해 조금 더 적극적으로 해보자고 다짐해본다. 언젠가는, 나의 장점을 묻는 물음에 부끄럽게나마 한두 개 이야기할 수 있길 바라며.

축사(Wedding speech)

Good evening!

오늘 이렇게 뜻깊은 자리에 서게 되어 정말 행복합니다. 저는 온정이라고 해요. 아마 제가 에릭의 여동생이라는 걸 여러분도 눈치채셨을 거예요. 보시다시피 저희는 웃을 때 정말 닮았거든요.

그런데 말이죠. 오빠가 저보다 더 닮은 사람을 찾았어요. 바로 그의 영원한 반려자가 될 케이티죠. 오빠가 마침내 자신의 반쪽을 만났다는 사실이 참으로 감격스러워요. 저기 그녀를 한번 보세요. 정말이지, 사랑스럽지 않나요? 실은 어제 처음으로 케이티의 실물을 봤거든요. 와, 그녀가 너무 아름다워서 깜짝 놀랐어요. 오빠야, 오빠 진짜 성공했다!

어렸을 적 에릭은 귀여운 꼬마였어요. 식탐이 엄청났죠. 엄마가 시장에서 간식이나 과자를 사 오시면 그가 눈 깜짝할 사이에 다 먹어버리곤 했어요. 그때마다 저는 울면서 "내 치토스 어디 갔어?" 하고 물었죠. 엄마는 서랍, 선반, 옷장 등에 과자를 숨겨두기 시작했는데, 오빠는 마치 초능력자처럼 그것들을 몽땅 찾아내곤 했어요. 아마 그때 훔쳐 먹은 수많은 과자 덕에 오빠가 지금처럼 튼튼한 게 아닐까 싶어요.

학창 시절 오빠는 매일 커다랗고 무거운 가방을 들고 다녔어요. 그 속에는 항상 무시무시해 보이는 두꺼운 책이 몇 권이나 들어 있었죠. 아무리 책을 읽기 어려운 상황이라도 오빠는 무조건 책을 챙겼어요. 그 책들이 아니었더라면 에릭은 지금보다 키가 몇 센티미터는 더 컸을 거예요. 제가 장담합니다.

20대 초반에 그는 미국으로 떠났습니다. 가족도, 친구도 없이 혼자 이곳으로 왔죠. 당시에는 국제 전화나 영상 통화를 하는 것조차 쉽지 않았어요. 엄마와 아빠와 저는 멀리 떨어져 있는 오빠를 자주 그리워하고 걱정했습니다.

그런 어려운 시간을 지나, 이제 오빠는 이곳 미국에 잘 정착해서 살고 있네요. 게다가 평생을 함께할 사랑까지 찾다니. 동생으로서 정말 여러 감정이 교차합니다.

아름다운 신부 케이티! 아시다시피 에릭은 좋은 사람이에요. 가끔 엉뚱하고 아이 같을 때도 있지만 유머 감각이 뛰어나고, 야망도 크고, 무엇보다 따뜻한 마음을 지녔죠. 오빠는 당신에게 분명히 믿음직스러운 존재가 될 거예요. 비록 우리 가족에게는 딱히 든든한 존재가 되지 못했지만요… 하하! 농담입니다.

오빠는 이제 미국에도 든든하고 사랑스러운 가족이 생겼네요. 진심으로 기쁘고 행복합니다. 케이티와 에릭, 둘은 정말로 잘 어울리는 한 쌍이에요. 바라만 봐도 미소를 자아내게 하죠. 둘이 함께 새로운 여정을 시작하며, 그 속에 사랑과 웃음, 서로에 대한 이해와 끝없는 모험이 가득하기를 바랄게요. 케이티, 에릭. 사랑합니다.

우리 모두 신랑과 신부를 위해 건배합시다. 결혼을 진심으로 축하해요!

미국 결혼식

 오빠의 결혼식은 길었다. 아마 보통의 미국 결혼식 중에서도 긴 편에 속했던 것 같다. 결혼식 전날 리허설 디너를 하고, 본식은 오후 4시부터 시작해서 밤늦게까지 먹고 마시고 즐기는 파티 형식으로 진행되었으며, 그다음 날 아침에는 브런치 일정까지 있었다. 보통 한 시간이면 끝나는 우리나라의 결혼식과는 달라도 너무 달랐다. 미국은 땅덩어리가 워낙 넓어서 지인의 결혼식에 참석하기 위해 몇 시간씩 이동하는 게 일반적이라고 한다. 오빠의 결혼식은 샌프란시스코 근교에서 열렸는데, 비행기를 타고 와서 숙소를 잡고 이틀 정도 머무는 사람이 많았다. 그렇게 멀리서 와준 하객들에게 3일에 걸쳐 식사를 대접하는 일이 미국에선 흔하다고 했다.

 나는 리허설 디너 때 축사를 했다. 긴장하지 않은 척, 여유 넘치는 척하면서 영어로 적어 온 편지를 읽어 내려갔다. 중간중간 고개를 올려 오빠와 눈을 마주쳤다. 그때마다 오빠는 미소 지으며 고개를 끄덕거렸다. 눈빛으로 마음을 주고받던 그

찰나를 나는 앞으로도 잊을 수 없을 것 같다.

본식은 레드우드 주립공원 근처 숲속의 야외 결혼식장에서 열렸다. 사실 그 장소를 '결혼식장'이라고 표현하는 게 적절한지 아리송하다. 물론 결혼식을 올리는 장소이니 틀린 말은 아니지만, 우리나라에서 '결혼식장'이라고 말했을 때 상상할 수 있는 이미지는 지극히 제한적이다. 산속에 위치한 그곳에는 꼭대기가 보이지 않을 정도로 키가 큰 삼나무들이 있었다. 아기자기한 집도 한 채 있었고, 꽃이 가득한 아름다운 정원도 있었고, 식을 올릴 수 있는 드넓은 초원도 있었다. 차라리 큰 에어비앤비 정도로 표현하는 게 더 적절하지 않을까 싶다.

아기자기한 그 집에서 신부와 들러리들이 드레스를 입고 메이크업을 받았다. 이때, 준비하는 신부의 모습은 절대 신랑에게 공개하면 안 된다고 했다. 때문에 오빠는 방 안에 콕 박혀 있다가 거실에 잠깐만 나와도 눈을 꼭 가려야 했다. 오빠가 나올 때마다 신부 들러리들이 호들갑을 떨며 신부의 모습을 가려주었다. 딱 미국 드라마에 나올 법한 귀여운 장면이었다.

준비가 끝난 뒤에는 모두 야외로 나갔다. 멋진 삼나무 숲을 배경으로 신랑이 뒤돌아서서 기다리고 있다. 아름다운 신부가 부케를 들고 그에게 천천히 다가간다. 이내 신랑의 바로 뒤에 선다. 긴장되는 순간. 모두가 다음 장면을 숨죽여 기다린다. 신부가 신랑의 어깨를 톡톡 두드린다. 마침내 뒤를 돌아본 신랑의 눈동자가 감동으로 맑게 흔들린다. 신부와 눈을 맞추고 입을 맞춘다. 아, 정말이지 아름답고 감격스러운 순간이었다.

들러리 문화를 제외한다면, 본식의 진행 방식은 한국 결혼식과 비슷했다. 초원 위에는 하객을 위한 나무 의자가 열 맞추어 놓여 있었다. 그 사이로 양가 어머니들이 함께 입장하시고, 신랑이 입장하고, 또 아버지가 운전하시는 올드카를 타고 등장한 신부가 차에서 내려 아버지와 함께 입장했다. 뒤이어 들러리들이 파트너를 이루어 둘씩 입장했다. 주례자가 연설을 하고, 신랑과 신부가 결혼반지를 나누어 끼웠으며, 서로에게 쓴 편지를 낭독했다. 둘의 진심 어린 마음이 하객들에게 고스란히 전해졌다. 무엇보다 오빠가 편지를 이렇게 잘 쓰는지 미처 몰랐다. 감정을 진솔하게 잘 표현할 줄 아는 둘이 만났으니 잘 살겠구나, 싶어 왠지 안심이 되었다.

본식이 끝난 뒤 원형 테이블에 앉아 있으니 새언니가 드레스를 갈아입고 오빠와 다시 입장했다. 2부 예식인 셈이다. 뒤이어 무대 위에서 신랑, 신부의 댄스 타임이 있었다. 두 사람은 〈Dream A Little Dream Of Me〉라는 노래에 맞추어 로맨틱하고 우아한 왈츠를 추었다. 그 모습이 어찌나 사랑스러웠는지. 오랜 시간이 지난 지금도 여전히 그 장면과 노래가 머릿속에 아른거린다.

모든 공식 행사가 끝난 뒤에는 파티가 시작되었다. 하객들은 와인 잔을 들고 돌아다니며 수다를 떨었고, 새신랑은 그간 숨겨온 춤 솜씨를 하객들에게 뽐내겠다는 듯 미친 듯이 춤을 추었다. 체면, 그런 거 없었다. 춤추고 싶은 사람이라면 누구든 무대로 나가서 몸을 흔들어 재꼈다.

디제이는 누가 들어도 알 만한, 그러니까 10년 전쯤 빌보드 차트에 올라왔을 법한 유명한 팝송들(예컨대 테일러 스위프트의 〈Shake It Off〉)을 틀어주었다. 좋은 선곡 덕에 나 역시 근질근질해지는 몸을 가만히 둘 수 없었다. 나의 첫 댄스 파트너는 아빠였다. 머뭇거리는 아빠의 팔을 잡고 무작정 무대 위로 올라갔다. 아빠와 양손을 마주 잡고 음악에 맞추어 왼쪽, 오른쪽으로 씰룩거렸다. 아빠랑 이렇게 춤출 기회가 평생 언제 또 있을까. 재미있고 웃기고 신기하고 행복하고 울컥했다. 입꼬리가 아플 만큼 웃으며 아빠와 춤을 추는 동안, 너무나도 많은 감정들이 팝콘처럼 부풀다 견디지 못하고 팡팡 튀어 올랐다.

그 뒤로 남편이랑도 춤추고, 수줍음이 많아서 절대 춤추지 않을 것 같았던 엄마랑도 춤을 추었다. 특히 오늘의 주인공인 오빠와는 손짓, 발짓 다 써가며 가장 격렬하게 춤을 췄다. 이래도 되나 싶을 정도로.

분위기가 한창 무르익어 갈 때쯤 싸이의 〈강남스타일〉이 흘러나오기 시작했다. 하객들이 약속이라도 한 것처럼 오빠와 새언니를 지목했다. 오빠는 '어휴, 뭘 또 이런 걸 시켜. 안 해. 안 할 거야'라는 듯 머리와 두 손을 내젓더니, 막상 노래가 후렴으로 치닫자마자 인격이 두 개인 사람처럼 돌변하여 말 춤을 추었다. 순백의 드레스를 입은 새언니까지 오빠 옆에서 함께 말 춤을 췄다. '뭐야. 결혼식이 이래도 되는 거야?' 문화 충격의 연속이었지만, 흥의 민족답게 나 역시 그 문화를 실시간으로 쭉쭉 잘도 흡수했다.

떠들썩한 댄스 플로어 맞은편에는 모닥불이 피어오르고 있었다. 밤이 되어 쌀쌀해지자 모닥불 앞에 사람들이 옹기종기 모여들었고, 다들 미리 받은 마시멜로와 초콜릿을 꼬치에 꽂아서 구워 먹었다. 마시멜로와 초콜릿은 오빠와 새언니가 전날 밤새워 직접 포장한 것이었다. 나는 한쪽에 마련된 컵라면까지 야무지게 챙겨 먹었다. 달이 뜨고 하객들이 하나둘 식장을 떠나갈 때도 직계가족들은 늦게까지 자리를 지켰다.

 신랑과 신부의 얼굴을 이렇게 오래도록 볼 수 있는 결혼식이라니. 모두가 다 내려놓고 축제처럼 즐기는 결혼식이라니. 그 시간 동안 나는 많이 웃고 자주 눈물지었다. 부모님을 모시고 열 시간씩 비행기를 타고 가서 생소한 문화의 결혼식에 사흘 동안 참석하는 건, 사실 부담되고 긴장되는 일이었다. 하지만 나는 처음 만난 새언니의 가족들과 사흘 내내 얼굴을 익히고 밥도 먹고 대화도 나누고 심지어 춤까지 추었다. 모두가 편안하고 좋은 분들이었다. 짧게 끝나는 결혼식이었더라면 오빠의 새로운 가족이 어떤 분들인지조차 알 기회가 없었을 것이다. 마지막 날 브런치를 먹을 땐 이미 그들과 심적으로 무척 가까워져 있었다. 기나긴 결혼식은 그렇게 진한 추억과 의미로 마무리되었다.

늘 미국에 오빠의 가족이 있었으면 했다. 오빠는 혼자서 미국 생활을 오래 했고, 건강 관리를 잘해서 지금까지 무탈하게 지내왔지만, 그래도 마음 한편에 늘 걱정이 있었다. 특히 코로나19가 널리 유행하며 거리에 개미 한 마리도 보이지 않던 그때. 백신 부작용에 대한 무서운 이야기들이 떠돌고, 코로나에 확진된 미국인들은 제대로 된 치료도 받지 못한 채 죽어나간다는 기사를 접했을 때 나는 몹시 불안했다. 오빠는 괜찮다며 무심히 말했지만 직접 볼 수 없는 입장에서 그 말은 와닿지 않았다. 그렇게 멀고 넓은 땅에 오빠가 식구 한 명도 없이 혼자 산다는 게 때때로 끔찍한 일처럼 여겨지곤 했다.

그런 오빠의 옆에 좋은 연인이 생겨 안심이었고, 이제는 그녀가 오빠의 든든한 식구가 되었다. 평생 서로 의지하며 살아갈 사람이 생긴 것이다. 한국에 살아도 맞는 짝을 찾기 쉽지 않은데, 그 넓은 미국 땅에서 자신과 닮은 사람을 만나다니. 이보다 더 운명 같은 일이 있을까. 새언니뿐 아니라 장인어른, 장모님, 형님, 처형, 조카까지 생긴 오빠는 이제 미국에서도, 한국에서도 혼자가 아니다.

  오빠를 생각하면 늘 묘한 감정이 든다. 만나고 싶을 때 만날 수 없는, 그렇기에 더 소중하고 애틋한 나의 가족. 오빠를 다시 만날 날을 기대해본다. 또 언제가 될지는 모르겠다. 앞으로는 새언니와 함께 보게 될 테니 두 배로 반가울 거라는 건 확실히 알겠다.

4..▼..6..0..1..2..3

Part 5. 어떻게

방식의 미학

작은 자극에도 크게 감응할 줄 아는 사람이 되고 싶다.

도망
작은 현실로부터

 수능을 1년 남짓 남겼을 때였다. 그간 정거장이 없는 기차처럼 달려왔다. 그 시기를 지나는 대부분의 학생이 그렇듯, 나 역시 지쳐 있었다. 이제 와서 진로를 바꾸거나 포기할 수도 없었다. 죽이 되든 밥이 되든 남은 1년을 버티는 걸 목표로 삼아야 했다. 그야말로 지퍼 사이에 꽉 낀 머리카락처럼 옴짝달싹 못 하는 처지였다.

 그런 현실을 알고 있었는데도, 어느 날은 참을 수가 없었다. 이 상황을 고분고분히 받아들였던 지난날들에 앙갚음이라도 하겠다는 양 나는 폭발했다. 부모님 앞에서 공부를 포기하겠다며 마음에도 없는 말을 내뱉었다. 이렇게라도 하지 않으면 앞으로의 1년을 견딜 자신이 없었다. 마지막 발악 같은 거였다.

 나에겐 꿈이 있었다. 그때의 나는 음악을 사랑했다. 음악만 생각하면 하루에도 몇 번씩 벅차오를 만큼, 미치도록 사랑했다. 탈출구 없는 좁은 방에 갇혀 있는 듯했던 그 시기에 내가 도망칠 구석은 음악밖에 없었다. 음악을 전공하고 싶었다. 하지만 현실적으로 어려운 일이었다. 중학생 때부터 간간이 배워온 기타는 어려웠고, 아무리 열심히 연습해도 실력이 잘 늘지 않았다. 악기로 안 된다면 작곡과 진학이라도 도전해볼 수 있지 않을까. 하지만 수능을 겨우 1년 남기고, 이제 와서? 대체 뭘 어떻게? 나도 터무니없는 생각이란 걸 알았다. 하지만 그날만큼은 세상에 안 되는 게 어디 있냐며 우기고 싶었다. 내 생각을 부모님께 털어놓자마자 소가 터져 나온 만두마냥 주체할 수 없는 서러움이 마음을 비집고 줄줄 흘러나왔다.

  부모님은 그게 현실적으로 어렵다는 걸 나에게 이해시키려 하셨다. 당연한 일이었다. 나도 내가 공부를 포기하지 못할 거란 걸, 음악 입시를 준비하지 못할 거란 걸 알았으니까. 그래서 더 서글펐다. 피해의식과 자기 연민이 최고조에 이른 고등학생의 눈물은 멈출 줄을 몰랐다. 정신이 혼미해질 때까지 울고불고 소리까지 지르는 나를 보며 부모님도 어찌할 바를 모르셨던 것 같다.

　좀처럼 진정을 못 하던 내게 아빠가 어딜 좀 가자고 하셨다. 갑자기 어딜 가요? 여쭈니 아빠는 일단 따라와 봐, 말씀하셨다. 훌쩍거리며 아빠 차 뒷좌석에 탔다. 물을 마시고 심호흡을 해도 전혀 진정되지 않던 가슴 속으로 바깥 공기가 후, 하고 바람을 불어 넣어주었다. 그제야 숨이 조금 쉬어지는 기분이었다.

　가까운 곳에 가는 줄 알았건만 아빠와 엄마와 내가 탄 차는 곧이어 고속도로에 올랐다. 아빠는 끝까지 어디로 가는지 알려주지 않고 묵묵히 운전을 하셨다. 진정이 되며 긴장이 풀린 나는 까무룩 잠이 들었다. 아빠가 나를 깨우는 소리에 눈을 떠보니 벌써 해가 져서 캄캄했다. 여기가 어디지, 느릿느릿 차 문을 열자 시원하고 개운한 바람이 먼저 마중 나왔다. 너무 많이 울어서 꽉 막힌 코 틈새로 바다 짠내가 스며들어왔다. 밤바다는 아득했다. 수평선만이 이쪽이 바다고 저쪽이 하늘이라는 걸 알려주고 있었다. 철썩 소리를 내며 끝도 없이 이어진 바다가 마치 나의 앞날 같았다. 눈물을 쏟아내고 텅 비어버린 내 속으로 까맣게 반짝거리는 바다가 밀려 들어와 가득 채웠다. 까마득하지만 개운하고, 막막하지만 간질간질한 기분에 나의 입꼬리는 슬며시 씰룩거렸다. …저도 어쩔 수 없다는 거 알아요. 부모님께 말씀드렸다. 부모님은 날 꼬옥 안아주셨다.

  그날 바다에 가지 않았더라면 나는 아마 오래도록 마음을 잡지 못했을 것이다. 갑갑해서 터질 것 같은 심장을 부여잡고, 이걸 어떻게 가라앉혀야 할지 몰라 속이 썩었을 것이다. 말로 전하는 조언이나 위로 대신 바다로 냅다 데려가주신 아빠의 행동이 내게 너무나도 큰 위로가 되었다. 계속 공부를 해야 한다는 큰 현실로부터는 도망칠 수 없었지만, 이러지도 저러지도 못해 그저 눈물밖에 흘릴 수 없는 작은 현실로부터라도 도망칠 수 있어 정말 다행이었다. 그 뒤로도 나는 이렇게 작은 도망들을 모으고 또 모으며 수험생 시절을 버텨냈다.

시간이 지나 사회의 일원이 된 뒤에도 사는 건 비슷했다. 나는 도망가고 싶지만 도망갈 수 없는 현실과 자주 부딪혔다. 평일 저녁 6시 서울의 한 도로에 서 있는 자동차처럼 앞, 뒤로 꽉 막힌 기분. 그 자동차를 도로에 버리고 뛰쳐나가고 싶을 정도로 현실이 너무 버거웠던 어느 시기, 남편이 선우정아의 〈도망가자〉라는 곡을 알려주며 말했다.

"언제든 어디로든 도망갈 수 있다는 걸 기억해. 도망갔다가 돌아와서 씩씩하게 다시 시작하면 되는 거야. 괜찮아. 큰일 안 나."

선우정아가 애달픈 목소리로 부른 그 노래의 가사 한 구절 한 구절을 공부하듯 낱낱이 살폈다. 하루에도 수십 번씩 이 노래를 들으며, 나는 언제든 도망갈 수 있다는 사실을 기억하려 노력했다. 맞아. 적어도 살아 있다면, 내가 숨 쉬며 이 땅에 계속 살아만 있다면, 다른 중요한 건 없어. 다 내려놓고 어디든 도망갈 수 있어. 내 손을 잡고 함께 도망쳐 줄 사람이 옆에 있으니까. 그 뒤에 언제든 다시 씩씩하게 돌아오면 돼. 그거면 돼….

흉터
꼼수

 어렸을 적 왼쪽과 오른쪽을 잘 구분하지 못했다. 처음 '왼쪽'과 '오른쪽'이라는 개념을 배운 뒤, 시간이 지날수록 내 주변 아이들은 모두 자연스럽게 그 방향을 아는데 나 혼자만 몰랐다. 매번 이쪽이 오른쪽인가, 왼쪽인가 헷갈려 하다가 멋쩍은 얼굴로 친구에게 물었다.

 "여기가… 오른쪽이었던가?"

 친구가 그렇다고 답하면,

 "맞지? 나도 아는데 혹시나 해서 확인해본 거야"라며 굳이 변명을 덧붙였다. 친구가 오른쪽 아니라고, 왼쪽이라고 답하면 창피함에 어쩔 줄 몰랐다. 남들 다 하는 걸 못 하니 나에게 무슨 문제가 있나, 생각했다. 어린 마음에 세상으로부터 숨고 싶은 마음마저 들었다. 하지만 아무리 노력해도 왼쪽과 오른쪽은 외워지지 않았다. 이대로 평생 방향도 구분 못 하는 사람으로 살아갈까 봐 두려웠다.

 이 문제를 어떻게 할지 열심히 고민하던 어린 나는 오른쪽

손목에 빨간 흉터가 있다는 걸 깨달았다. 볼펜으로 콕 찍어 둔 듯한, 아주 작은 점 모양의 흉터였다. 그 뒤로 나는 오른쪽과 왼쪽을 구분하기 전에 흘긋 손목을 보기 시작했다. 오른쪽으로 가라는 선생님의 말씀에 은근슬쩍 손목을 본 다음 오른쪽으로 걸어가거나, 왼손을 펼치라는 말씀에 또 몰래 손목을 본 다음 반대 손을 펼치기도 했다. 나는 최대한 태연하게 손목을 커닝하려 애썼다. 그때마다 다행이라는 생각과 함께, 거짓말을 하고 있는 듯한 일종의 죄책감에 마음을 누가 살살 긁듯 불편했다.

그 뒤로도 나는 제법 오랫동안 흉터를 나침반 삼아 방향을 구분했다. 만약 이 흉터가 사라져버리면 어쩌나 불안하기도 했다. 다행히 흉터가 사라졌는지도 알아채지 못할 때쯤, 나는 자연스럽게 오른쪽과 왼쪽을 구분할 수 있게 되었다.

그렇게 눈치껏 커닝하는 법을 알게 된 아이는 별다를 게 없는 어른이 되었다. 고백하자면, 나는 얼마 전까지도 된밥, 진밥을 헷갈렸었다. 그래서 매번 밥솥 뚜껑을 연 다음, 밥 상태를 보자마자 '된장'을 떠올렸다. 된장은 뻑뻑하고, 이 밥도 뻑뻑하게 지어졌으니까 된밥이네, 했다. 그러면서 늦게서야 된밥과 진밥이라는 단어를 제대로 외우게 되었다.

나는 여전히 기본적인 개념조차 기억하지 못하고, 그럴 때마다 어리석음과 무지를 숨기고자 열심히 머리와 눈을 굴린다. 어른이 된다는 건, 실제로 아는 게 많아진다기보다 아는 척하기 위한 꼼수가 늘어나는 일일지도 모른다. 흉터를 훔쳐보던 그때 나는 처음으로 어른의 스킬을 배웠던 게 아닐까. 모르는 걸 모른다고 인정하는 건 중요하지만, 가끔은 이렇게 아는 척하다가 알게 되는 것들도 있다. 결국 어른도 별 볼 일 없다. 그때그때 눈치껏 살아가는 방법을 조금 더 터득한 것일 뿐.

수정테이프와 포스트잇
재구성

지금은 내려놓고 헐렁하게 살지만, 옛날에는 완벽주의 기질이 있었다. 그래서 노트 위에 펜으로 글씨를 쓰다가 틀리면 그 한 장을 뜯어버린 뒤 처음부터 다시 다 쓰곤 했다. 옥에 티를 남기는 듯한 기분이 싫었다.

이제는 수정테이프를 애용한다. 펜으로 마구마구 쓰다가 틀리면 수정테이프로 찍, 그어버리고는 그 위에 다시 써 내려간다. 그렇게 수정테이프의 편리함을 알게 되었지만, 막상 수정테이프에도 한계가 있었다. 한두 글자 틀린 데에는 유용해도 글의 구성을 통째로 바꾸고 싶을 때는 역부족이었다. 결국은 종이 한 장을 뜯어내고 처음부터 다시 쓰는 번거로움을 감수해야만 했다.

그런 이유로 오래도록 독서 노트를 쓰지 못했다. 여전히 컴퓨터보다 아날로그 방식의 기록을 선호하는 나는 독서 노트만큼은 직접 손으로 쓰고 싶었다. 하지만 흰 공책을 아무리 뚫어지게 쳐다보아도 뭘 어디서부터 어떻게 써야 할지 막막했다. 어떨 때는 책 속 구절들이 마음에 들어서 공책 한가득 옮겨 적고 싶고, 어떨 때는 책 속 한 문단을 내 방식대로 간단하게 정리하고 싶고, 어떨 때는 나의 의견이나 감정을 적고 싶었다. 이런 여러 가지 요소를 공책 속에서 딱딱 구간 나누어 쓰는 게 너무 어려웠다. 어떤 책은 감상평이 길고, 어떤 책은 요약이 길고, 어떤 책은 필사가 길다. 그 분량을 어떻게 처음부터 알고 시작하겠는가. 타이밍도 문제였다. 어떤 감상평은 책을 읽는 중간에 쓰고 싶고, 어떤 구절은 책을 다 읽은 뒤에 옮겨 적고 싶었다. 내가 하고 싶은 대로 공책에 적는다면 감상평이 나오다가 갑자기 책 속 문장이 나오고, 그 뒤에는 생뚱맞게 어느 문단의 요약본이 적히게 될 것이다. 이런 혼란은 결국 독서 노트를 못 쓰는 쪽으로 이어졌다.

고민 끝에 나는 포스트잇을 써보기로 했다. 언제 어떤 내용을 쓰고 싶든 일단 포스트잇에 적는다. 책을 읽는 도중에 써도 되고, 다 읽고 써도 된다. 그냥 그때그때 마음 끌리는 대로 하면 된다. 그리고 나중에 큰 노트 안에서 내가 원하는 구성으로 포스트잇을 붙인다. 성격이 비슷한 조각들끼리 테트리스 하듯 나열해서 붙인 뒤 마지막에 구간을 나누어주는 식이다. 해놓고 마음에 안 들면 뗐다가 다시 붙여도 문제없다. 책의 성격에 따라, 내가 느낀 내용에 따라 매 페이지를 다르게 꾸밀 수 있어서 좋다. 무엇보다 처음 쓸 때 마음의 부담을 덜 수 있다는 게 가장 큰 장점이다. 지금까지 이걸 못 해서 책을 읽으며 내가 느꼈던 수많은 감정들을 놓쳤다고 생각하니 아쉽다.

처음부터 완벽히 정돈하려고 욕심을 내다 보면 시작조차 할 수 없다. 작은 포스트잇에 일단 한 글자라도 삐뚤빼뚤 적기 시작하는 게 중요하다. 어차피 내가 원하는 큰 그림을 한 번에 완성하긴 어렵다. 평소 준비해두었던 작은 그림들을 활용하여 나중에 예쁘게 재구성하는 쪽이 훨씬 쉬울 것이다.

살다 보면 쳇바퀴 돌 듯 반복되는 일상이나 자잘한 경험들이 무의미하게 느껴질 때가 있다. 하지만 나의 이 소소한 조각들을 모으고 모아두었다가 언젠가 근사하게 조립할 수 있다고 믿는다면, 이 삶 속에서 무의미한 건 하나도 없다. 어느 타이밍에 어떤 조각이 필요할지 모르는 일이니까. 겨울을 맞이하기 전 부지런히 도토리를 모아두는 다람쥐의 마음으로, 삶의 조각들을 차근차근 모아보려 한다. 그러다 보면 언젠가는 그럴듯한 나만의 노트 한 권이 완성될지도 모른다.

준비 운동

 짜장면 먹을래, 짬뽕 먹을래? 수많은 한국인을 미궁에 빠뜨리는 희대의 난제 앞에서 나는 조금도 망설이지 않는다. 예나 지금이나 나에게는 짜장면, 무조건 짜장면이 제일이다. 그런데 짜장면만 먹고 나면 잠이 쏟아진다. 조금도 다시 주워 담을 수 없을 만큼, 아주 무자비하게 쏟아진다. 왜 그런 건지 항상 궁금했다. 짠 걸 먹어서 몸이 힘들어하는 걸까. 아니면 짜장면이 워낙 맛있다 보니 과식을 하게 되어 그런 걸까.

 알고 보니 짜장면이 탄수화물 덩어리여서 생긴 문제였다. 정제된 탄수화물을 많이 먹으면 체내에 빠르게 흡수되면서 혈당이 급격히 치솟는다고 한다. 이것이 바로 그 이름도 무시무시한 '혈당 스파이크' 현상이다. 높아진 혈당을 줄이기 위해 인슐린이 과도하게 분비되고, 그로 인해 혈당이 급작스레 떨어지면서 몸은 피로를 느낀다. 이때, 탄수화물을 먹기 전에 채소를 먼저 먹어주면 혈당 스파이크를 방지할 수 있다고 한다. 탄수화물이 몸에 천천히 흡수되도록 채소로 미리 코팅을 해두는 셈이다.

모든 일에는 이처럼 준비 동작이 필요하다. 남편은 꼭 샤워 직후에 손톱을 깎는다. 씻는 과정에서 손톱이 부드러워져 깎기 더 수월하다고 했다. 나도 그의 말에 따라 샤워 후 손톱을 깎아보았다. 깎을 때마다 손톱이 사방팔방 튀어 나가던 평소보다 훨씬 쉬웠다. 확실히 힘도 덜 들어가고, 깎고 난 뒤에 손톱 가장자리도 덜 날카로워졌다. 꼿꼿하게 경직된 채 살아가는 손톱에게도 다듬어지기 전 준비할 시간을 줘야 하는 것이다. 물에 불어서 말랑말랑해지는 시간.

마찬가지로, 쿠키를 구울 때 정해진 온도까지 오븐을 예열해놓지 않으면 쿠키를 망쳐버리고 만다. 아침에 일어나서 공복에 마시는 따뜻한 물 한 잔이 잠들어 있던 온몸의 세포를 깨우기도 한다. 어려운 자리에 갈 때는 스읍, 하아. 길게 심호흡해두면 긴장을 푸는 데 도움이 된다. 멀리 뛰기 위해서는 먼저 도움닫기에 공을 들여야 하고, 수영장에 풍덩 빠지기 전에도 준비 운동은 필수다.

 우리는 온전히 쉬는 법을 잘 모른다. 쉬는 걸 부끄럽게 여기도록 사회가 부추기기도 한다. 회사 면접에 가면 휴학 기간에 무엇을 했는지, 퇴사 후 공백기에는 무엇을 했는지 꼭 묻는다. 사람들은 자신이 매 순간 의미 있게 살았다는 걸 증명하기 위해 애쓴다. 개인적으로 의미 있었던 시간은 별 소용이 없다. 하다못해 영어 성적표라도 들이밀어야 나의 공백기는 타당한 것이 된다.

 그들에게 그냥 솔직하게 말하고 싶다. 준비 운동을 하고 있었다고. 차가운 사회에 다시 풍덩 빠지기 전에, 기지개를 켜고 심장에 미지근한 물을 묻히고 어깨를 휘휘 돌리고 팔과 다리를 쭉쭉 늘이고 있었다고. 제대로 유영하기 위해서는 그런 시간이 필요했다고. 당신의 청춘에도, 그런 시간이 필요하지 않았겠냐고.

시계

우리 집에는 밥 먹다 고개를 올리면 곧바로 시선이 향하는 곳에 벽시계가 하나 걸려 있다. 나갈 준비를 하며 나의 눈은 줄곧 시계로 향한다. 바로 옆에 핸드폰이 있지만, 왠지 핸드폰으로 시간을 보고 나면 금방 깜빡한다. 디스플레이 위 딱딱한 숫자의 나열보다 째깍째깍 움직이는 시곗바늘이 머릿속에 더 직관적으로 내리꽂히는 모양이다. 5시 45분에 나가야 해. 딱 45분에. 지금이 5분이니까, 밥 먹고, 치우고, 10분 정도 화장하고, 양치하고 나가면 딱 맞겠어. 45분. 45분…. 나는 나가야 하는 시간을 잊지 않기 위해 밥숟가락을 든 채 여러 번 웅얼거린다. 약속 장소에 미리 도착하지 않으면 극도로 불안해지는 나에게 숙명 같은 루틴이다.

우리 집 벽시계는 4분 빠르다. 시간 약속을 지킬 때는 4분 빠른 시계가 딱 좋다. 2분 빠른 시계는 큰 의미가 없고, 5분이 빨라버리면 현재 시각에서 5분을 빼는 계산이 너무 간단해서 나도 모르게 실시간으로 시간을 계산해버린다. 10분이나 빨라져버리면 이 시계가 빠르다는 걸 눈치채기 쉬워서 늘어진다. 그러니 4분, 딱 4분 느릴 때 적당한 긴장감이 생긴다.

 45분에 나가기로 마음을 먹어도 준비하다 보면 막판에 시간이 촉박해질 때가 많다. 모든 준비가 끝나고 양치만을 남겨 둔 지금. 시곗바늘은 45분을 가리킨다. '그래, 저 시계 조금 빠르니까 양치 정도는 할 수 있겠어.' 마지막 단계인 양치까지 무사히 끝내고 부랴부랴 현관문을 나선다. 엘리베이터를 기다리며 핸드폰 시계를 보면 딱 45분. 긴박한 상황 속에서, 없는 줄 알았던 4분이 선물처럼 생길 때. 난 성공한 사람처럼 흡족한 얼굴로 엘리베이터에 몸을 실으며 생각한다.

 역시 시계는 4분 빨라야 해. 더도 말고 덜도 말고, 딱 4분.

칡나무와 등나무
갈등

 덩굴 식물은 다른 나무를 기둥 삼아 그 위를 휘감아 올라가며 생장한다. 아무렇게나 자라는 것이 아니고 자라나는 방향이 정해져 있다. 칡넝쿨은 나무를 타고 왼쪽에서 오른쪽으로 감으며 올라가고, 반대로 등나무는 오른쪽에서 왼쪽으로 감으며 올라간다.

 시어머니와 시골 동네를 산책하던 중 덩굴 식물을 만났다. 그때 어머님께서 '갈등'의 어원을 알려주셨다. 칡 갈葛 자와 등나무 등藤 자로 완성된 갈등葛藤이라는 표현에는 칡나무와 등나무의 생장 방향이 달라 서로 충돌한다는 의미가 담겨 있다.

 어원을 보니 그동안 갈등을 푸는 일이 왜 그리 어려웠는지 알 것 같다. 한편으로는 위안이 되기도 한다. 원래 어려운 것이 맞구나, 싶어서. 선천적으로 오른쪽을 향해 가도록 태어난 이와, 왼쪽을 향해 가도록 태어난 이가 부딪힌다면 대체 그 답을 어디에서 찾을 수 있을까. 끈질긴 그들이 이웃해 있는 이상 서로를 짓누르고 옭아매며 생장을 방해할 수밖에 없다.

칡나무와 등나무가 자라는 상황을 상상해보자니, 갈등을 '푼다'는 건 거의 불가능한 일일지도 모르겠다. 오른쪽으로 향하는 칡넝쿨을 억지로 왼쪽으로 바꾸어놓아도 다시 오른쪽으로 자라난다고 한다. 그러니 한쪽이 자신의 의견을 포기하고 무조건 양보한다 해도 이는 임시방편에 불과하다.

이렇게 어려운 상황 속에서 갈등을 해소하기 위해서는, 칡나무 줄기와 등나무 줄기로 밧줄을 엮고 머리를 땋듯 차근차근 서로의 순서를 인정하는 수밖에 없겠다. 왼쪽, 오른쪽, 왼쪽, 오른쪽… 이인삼각 경주를 뛸 때처럼 한 발짝 한 발짝 섬세하게 속도를 맞추어나가야만 공생할 수 있다. 그러지 않으면 둘 다 실패하게 될 뿐이다.

두더지 게임

"한동안 팔을 접지 마세요."

손가락이 저려 찾아간 정형외과에서 선생님은 팔꿈치 사용 금지령을 내리셨다. 진단명은 '팔꿈치 터널증후군'. 팔꿈치부터 손가락까지 이어진 신경이 눌리면서 생기는 질환이라고 했다. 원인을 찾았다는 기쁨과 함께, 너무 당연하게 쓰던 부위가 문제라니 한편으로는 어처구니가 없었다. 팔꿈치는 애초에 팔을 굽히기 위해 있는 존재 아닌가. 팔은 안으로 굽는다는 속담도 있지 않은가. 나는 그저 순리에 따라 행동했을 뿐인데….

손 저림 증상이 맨 처음 나타났을 때는 다른 병원에 갔다. 거기서는 원인을 알 수 없다며 무작정 약만 처방해주었고, 몇 달간 약을 먹어도 차도가 전혀 없었다. 원인을 알고 나니 그제야 이해가 갔다. 핸드폰을 하고 잠바 주머니에 손을 넣고 머리를 감고 말리고 숟가락질하고 상추쌈을 싸는 동안 나는 끊임없이 팔을 굽혔다. 잘 때마저도 팔을 직각으로 굽힌 채 손바닥을 배 위에 가지런히 올려두고 잤다. 팔을 접지 말라는 조언을

들은 뒤, 나는 평소 어디 붙어 있는지조차 신경 쓰지 않던 팔꿈치의 존재와 그 움직임을 지나치게 의식하게 되었다. 핸드폰은 거의 만지지도 못하거니와 컴퓨터로 글을 쓸 때도 팔꿈치를 쭉 편 채 키보드를 두드렸다. 잘 때는 나도 모르게 팔을 접어버릴까 봐 긴장되어 선잠을 잤다. 팔꿈치를 안 쓰고 사는 건 지독히 어려운 일이었다.

평소 신조처럼 곁에 두고 자주 되뇌는 말이 있다. '이 세상에 당연한 건 절대 없다'는 것. 그 목록에 팔꿈치가 추가될 줄은 꿈에도 몰랐다. 매일 당연하게 소진하는 것들이 얼마나 지쳐 있는지 제때 알아채지 못하면, 이렇게 병을 키울 수밖에 없다. 접기 위해 존재하지만 접을수록 아파지는 존재라니. 그 모순 사이에는 '내 존재는 당연하지 않다! 휴식을 보장해달라!'라고 시위하는 팔꿈치가 있다.

사실 팔꿈치 이전에는 목에 문제가 있었다. 몇 년간 목과 어깨 부근이 뭉쳐서 두통으로 이어졌고, 줄곧 담에 걸려서 일주일이 넘도록 낫질 않았다. 병원에서 MRI 검사를 권하기에 큰맘 먹고 받아보니 퇴행성 목디스크가 진행되고 있다고 했다. '퇴행성'이라는 말에서 알 수 있듯 앞으로 더 좋아질 수 없는 질환이며, 평생 관리하면서 더 심해지지 않도록 유지하는 게 최선이라고 했다. 아직 젊은 내가 목디스크라니. 게다가 더 나아질 수가 없다니! 앞으로 살날이 한참 남았는데 여기서 더 나빠질 전망만 보고 있자니 막막했다. 충격 요법이 제대로 먹혔다. 나는 모든 생활 습관을 바꾸었다.

"고개를 숙이지 말자."

그것이 당시 나의 셀프 미션이었다. 베개도 바꾸고, 목에 좋다는 운동도 하고, 책도 독서대 위에 두는 것만으로는 부족해서 책상에 벽돌 책 두 권을 쌓은 뒤 그 위에 독서대를 올리고 책을 읽었다. 그동안 못 고치던 양반다리와 다리 꼬는 버릇도 모두 고쳤다. 덕분에 꼿꼿하게 일자로 서 있던 내 목뼈는 3개월 만에 예쁜 C자 곡선을 그리게 되었다. 디스크는 어찌할 수 없어도 목을 누르던 통증은 대부분 사라졌다. 어찌나 뿌듯했는지 모른다. 의사 선생님마저도 엑스레이 속 극적인 변화를 보시곤 놀라움에 손뼉을 치셨다.

하지만 마냥 박수받고 있을 때가 아니었다. 여기서부터 다른 문제가 시작되고 있었으니까. 예전에는 고개를 숙인 채 핸드폰과 책을 봤지만, 고개를 세우고 지내려면 팔을 쓸 수밖에 없었다. 독서대나 핸드폰 거치대가 없을 때마다 나는 기꺼이 팔을 굽힌 채 책과 핸드폰을 눈높이로 가져갔다. 그렇게 생활하다 보니 결국 팔꿈치에 탈이 난 것이다.

이 무슨 두더지 게임 같은 상황인가 싶다. 이쪽 문제를 망치로 탕 쳐서 해결하면 곧바로 약 올리듯 저쪽 문제가 튀어나온다. 문제 해결이 항상 어려운 이유가 여기에 있다. 하나의 문제를 해결했다고 해서 모든 게 깔끔하게 끝나지 않는다는 것.

고개도 숙이지 않는 동시에 팔도 굽히지 않고 살아가기는 어렵다. 만약 이 두 가지 미션을 완벽하게 수행한다 해도, 그 과정에서 또 다른 곳에 문제가 생길지 모른다. 우리 몸은 바깥세상의 흔한 문제들처럼 모두 유기적으로 연결되어 있다. 내게 주어진 문제 하나를 완벽하게 해결하려 하기보다는, 다른 문제들과 적절히 균형을 이루는 지점을 찾는 게 중요하단 걸 깨닫는다. 다음 순서를 기다리며 숨어 있는 두더지를 최대한 빨리 알아채는 건 덤이다.

오늘 부득이하게 핸드폰을 써야 할 때, 나는 팔을 약간만 접은 채 손에 핸드폰을 들었다. 고개 역시 살짝만 숙인 대신 눈을 최대한 아래쪽으로 내리깔았다. 뻣뻣하고 어색하게 자세를 잡고 핸드폰을 두드리는 과정에서 손목이 시큰해지는 걸 느꼈다. 아, 이러다 네가 다음 두더지가 될지도 모르겠구나. 꼭 필요한 일만 끝내고 핸드폰을 얼른 내려놓았다. 오늘 문제해결의 타협 지점은 이쯤이다.

라이스페이퍼

악뮤의 노래〈후라이의 꿈〉에는 '계란후라이'가 되고 싶다는 보컬 수현의 바람이 담겨 있다. 남들은 꿈을 꾸라며 강요하지만, 자신은 특별한 꿈 없이 그저 따뜻한 밥 위에 나른하게 누워 자는 계란프라이처럼 살고 싶다는 이야기다.

누군가가 나에게 음식 중에 무엇이 되고 싶은지 묻는다면, 난 '라이스페이퍼'라 답하고 싶다. 긴장도가 높은 편인 나는 머리끝부터 발끝까지 줄곧 뭉쳐 있다. 적당한 긴장감은 일의 효율을 높이고, 저질 체력의 내가 좀 더 씩씩하게 살아갈 수 있도록 돕는다. 하지만 긴장을 풀어도 되는 상황에서조차 온몸의 신경을 팽팽하게 세우고 있는 스스로가 피곤할 때도 많다.

그럴 땐 라이스페이퍼가 되고 싶다. 평소에는 **빳빳하다**가도 물에 몇 초만 몸을 담그면 흐물흐물해지는 라이스페이퍼가 되어, 온갖 채소와 고기와 과일을 한 몸에 담아 감싸줄 수 있는 푸근하고 말랑하고 너그러운 사람이 되고 싶다. 그러다 가끔 옆구리 터져도 모르는 척 넘어가 달라고, 너스레까지 떨 줄 안다면 더할 나위 없겠다.

시집

매년 새해 목표들을 A4용지에 큼지막하게 써서 냉장고에 붙여둔다. 작년 말에 적어둔 올해 목표 중 하나는 '편독하지 않기'였다. 평소 에세이와 소설책만 읽던 나. 올해는 인문학, 과학, 역사책도 읽었으니 나름 성공이구나 생각하고 있었다.

하지만 십이월이 되자, 출발을 1분 남긴 기차에 가까스로 탑승하려는 사람처럼 뭐 하나라도 더 끼워 넣고 싶어졌다. 무작정 향한 동네 서점에서 온갖 분야의 책들을 뒤적거리다가 시집 코너를 발견했다. 나는 문학책만 편독하던 사람인데, 그중에서도 왜 시집은 끝까지 안 읽었을까. 스스로에게 물었고 답은 뻔했다. 시집은 왠지 진입 장벽이 높았다.

곰곰이 생각해보니 국어 시간에 시를 배웠던 방식 때문에 마냥 어렵다고 여기게 된 것 같다. 학생 때 우리는 시구 하나하나의 의미를 배운다. 선생님이 '이 시어는 이런 의미를 가지고, 이 시구는 시인이 이런 의도를 가지고 쓴 것이다'라고 가르쳐주시면, 교과서에 동그라미 밑줄 화살표 써 가며 필기했다.

그 방식이 꼭 나쁜 건 아니지만, 그 뒤로는 시를 암호문 풀 듯 해석해야 하는 존재로 바라보게 되었다.

시집을 잘 읽는 방법이라든지, 시인이 이 책을 쓰게 된 배경이라든지 하는 어떠한 사전 준비도 없이 시집을 펼쳐 읽어 내려갔다. 아마 성인이 되어 완독한 첫 시집일 것이다. 오랜만인 만큼 다른 건 전혀 의식하지 않았고, 그저 활자를 활자 그대로 받아들이려 애썼다.

시 하나하나를 읽을 때마다 미술관에서 예술 작품을 보는 기분이었다. 원래 나는 책을 깨끗하게 읽는 사람이 아니다. 책을 보다가 좋은 문장을 만나면 거침없이 밑줄을 긋고, 그것이 오히려 저자에 대한 응원이자 성의라고 여기는 사람이다. 하지만 시집은 달랐다. 미술 작품 중 일부분이 마음에 든다고 그곳에 동그라미를 치지 않듯, 그냥 시 전체가 하나의 예술 작품 같아서, 가슴에 사무치게 남는 시구가 많았음에도 밑줄 긋지 못했다.

이 시집을 통틀어 내가 제대로 이해한 시는 하나도 없었던 것 같다. 다만 그 느낌만이 짙게 남았고, 나는 평생 시 잘 읽는 방법 같은 건 차라리 모르는 게 나을지도 모르겠다고 생각했다.

고무줄
탄성 한계

 나는 입이 까탈스러워서 바깥 음식을 거의 못 먹는다. 정확히는 혀가 까다롭다기보단 위가 약해서, 인공 조미료가 많이 들어간 음식, 짜거나 맵거나 기름진 음식을 먹으면 위산이 목구멍 위로 솟구친다. 그래서 평소에는 최대한 재료 본연에 가까운 음식을 해서 먹는다. 닭가슴살, 두부, 달걀, 토마토, 당근 등을 간 없이 찌거나 볶아서 김치와 함께 먹는 식이다. 이러니 밖에서 파는 많은 음식이 나에게는 폭탄 수준이다. 흔히들 먹는 제육볶음, 순두부찌개 같은 건 공짜로 줘도 못 먹을 판이다. 평소 끼니는 최대한 집에서 해결하고, 출근할 때는 도시락을 싸 다니며 먹는다.

 나의 위가 인공 조미료나 자극적인 음식을 민감하게 감지하는 센서가 된 데에는 합당한 전적이 있다. 10대, 20대 때는 오히려 자극적인 음식을 즐겼다. 학창 시절에는 밥을 먹으면 소화가 잘 안된다며 매일 초콜릿을 연료로 때려 넣었고, 20대 때는 살을 뺀다며 끼니를 자주 걸렀다. 스트레스를 불닭볶음면이나 술로 풀기도 했다. 맵고 짠 음식을 좋아하던 시절에는 그게 무슨 자랑인 것처럼 굴었다. 단계별로 매운 쫄면을 파는 식당에서 매운맛을 시키고는, 그걸 다 먹지 못하는 건 자존심 상하는 일이라고 생각했다. 혀가 얼얼해지다가 결국 마비가 되어도 끝까지 먹었다. 먹고 나면 뭐라도 해낸 것처럼 묘한 성취감까지 느꼈다. 혀는 점점 매운맛에 길들었고, 웬만큼 매운 음식으로는 나의 혀를 제대로 자극할 수 없었다. 이는 레벨을 깰수록 더 어려워지는 게임이었다. 한번 높은 레벨을 맛보고 나면, 낮은 레벨은 너무나도 시시해져서 거들떠보기도 싫어진다는 것이 매운맛 게임의 특징이었다.

매운맛 게임을 차차 깨면서 높은 레벨로 올라가던 어느 날, 나는 돌연 그 게임을 탈퇴할 수밖에 없었다. 위 건강이 나빠져서 잠도 제대로 못 잘 지경이 되었기 때문이다. 정신 차렸을 때 이미 나의 위와 식도는 엉망이 되어 있었다. 위산이 식도로 역류하는 것을 식도 괄약근이 막아주는데, 그게 늘어나면서 제 역할을 못 하게 된 거라고 의사 선생님이 설명하셨다.

　나는 고무줄의 탄성 한계를 떠올렸다. 고무줄에는 탄성이 있어서 늘였다가 놓으면 제자리로 돌아오지만, 탄성 한계 이상의 힘으로 늘이면 제자리로 돌아가지 못한다. 그 이상으로 더 큰 자극을 주면 툭, 끊어지고 만다. 그때 나는 식도 괄약근에게 말했던 것 같다. 망했어. 너 이제 못 돌아와. 주욱 늘어난 머리끈처럼. 온갖 노력을 다해 돌아온다 해도, 출발선까지는 절대 못 오겠지.

　식도 괄약근은 직접적으로 고무줄의 속성을 따르지만, 매운맛의 단계를 계속 늘려나가던 나의 행동 역시 고무줄의 속성과 맞물린다. 자극이 커질수록 고무줄은 늘어나고 작은 자극을 느끼는 감각은 무뎌진다. 원래의 모습은 잃어버린 채 더 자극적인 것에만 반응하는 몸이 된다.

　돌아올 수 없는 강을 건넌 지금, 나는 위장에 붙어 있는 고무줄을 최대한 아껴 쓴다. 아무리 노력해도 처음만큼 짱짱해질 수는 없겠지만, 그래도 예전보다는 탄력이 생겼다. 매운 음식을 잘 먹던 과거가 무색할 만큼 지금은 빨간 음식에 얼씬도 하지 않는다. 마라탕집에 가도 백 탕을 주문하고, 회를 먹은 뒤에도 매운탕 대신 지리탕을 먹는다. 치킨도 튀긴 치킨 대신 구운 치킨으로 먹는다. 최대한 자극 없는 음식을 즐기다가 가끔 양념치킨을 먹으면 그렇게 달고 짜고 느끼하다. 한 번의 일탈만으로도 오래도록 속세의 맛을 잊을 수 있다.

식습관뿐 아니라 이 세상의 모든 자극이 마찬가지로 적용된다. 사람들이 즐겨 보는 영상들, 클릭 수를 높이기 위해 쓰여진 기사 제목들, 짧고 참을성 없고 현란한 모든 것들. 끊임없이 쇼핑하고 소비하며 외면만을 꾸미는 것. 단지 고독을 견디지 못해 매시간 사람들을 만나는 일…. 이 모든 일들은 하면 할수록 더 높은 레벨을 요구하고, 우리는 그것을 멈출 방법을 모르게 된다. 혼자를 즐기는 법, 침묵을 견디는 법, 내면을 돌아보는 법, 인내심을 가지고 기다리는 법을 잊어버리고 만다.

작은 자극에도 크게 감응할 줄 아는 사람이 되고 싶다. 그렇게 단단한 고무줄을 만들어둔다면, 가끔 일탈하더라도 고무줄은 언제 그랬냐는 듯 제자리로 돌아올 것이다.

환승 여행

 환승의 법칙. 첫째, 하차 후 30분 이내에 갈아타야 한다. 둘째, 이전 교통수단과 다른 노선이어야 한다. 이 두 가지만 지키면 최대 4회까지 환승할 수 있다. 참으로 유용하고 고마운 제도. 덕분에 목적지까지 가는 직행버스가 없어도 부담이 적다.

 어느 여름날 나는 대중교통 환승 여행을 했다. '앗, 볼 일을 다 보고 다시 버스를 탔는데 우연히 환승이 되었네?' 같은 느낌이 아니라, '오늘은 무조건 환승으로 간다!' 하는 치밀한 작전에 가까웠다.

 달콩이는 아토피를 앓고 있어서 가려움증을 완화시키는 약을 자주 먹이는데, 병원에서 처방받을 경우 굉장히 비싸다. 약국에서 대용량으로 사면 상대적으로 저렴하다는 정보를 얻었지만 또 약국마다 가격이 천차만별이었다. 이곳저곳 전화해서 물어보니 우리 동네보다 무려 8만 원이나 저렴하게 파는 곳이 있었다. 지역은 인천. 가는 데만 거의 두 시간이 걸리는 곳이었지만, 땅 파도 절대 8만 원은 안 나오지! 생각하며 아침부터 길을 나섰다.

나의 첫 번째 교통카드 태그는 집에서 지하철역까지 버스를 타는 것으로 시작되었다.

"삑, 환승입니다."

버스에서 내려 지하철역 개찰구에 교통카드를 찍자 반가운 목소리가 흘러나왔다. 이미 기본 요금을 냈지만 괜스레 공짜로 타는 듯한 기분. 가벼운 발걸음으로 승강장 계단을 밟았다.

나를 태운 수인분당선은 수원을 지나 안산, 시흥을 거쳐 인천으로 향했다. 이 여정이 그저 목적지로 가기 위한 수단만이 아닌 '여행'으로 느껴지기 시작한 것은, 열차가 선물처럼 짠하고 바깥 풍경을 보여주었을 때부터였다. 열차는 한 번씩 굴 밖으로 나왔고, 밝아진 차창에는 논과 밭과 산이 흘러갔다. 아파트나 높은 건물도 보이긴 했지만 빽빽한 도심의 느낌은 아니었다. 산문집도 한 권 들고 탔는데 마침 적당한 소음 속에서 읽기 딱 좋은 책이었다. 한 꼭지를 다 읽고 나면 책이 남긴 여운을 곱씹으며 분주히 움직이는 열차 내 풍경을 바라보았다. 여행하듯 가다 보니 금세 환승역에 도착했고, 북적북적한 인천 1호선을 탄 뒤에는 사람 구경하느라 바쁘게 눈을 굴렸다. 지하철 타고 출퇴근하던 시절을 떠올리면 늘 피곤하게 찌들어 있던 기억만 남아 있는데, 기차가 아닌 전철도 낭만으로 즐길 수 있구나 싶었던 시간.

그렇게 지하철만 한 시간 반을 넘게 타고 드디어 약국과 가까운 역에 도착했다. 약국은 걸어서 10분 거리에 있었다. 더운 날이었고, 버스를 타면 한 정거장이기에 잠시 고민했지만 오래 이동하느라 찌뿌둥해진 몸도 풀 겸 걸어갔다. 약국에서 약을 사고 계산하는 데에는 5분도 채 걸리지 않았다. 두 시간 걸려서 왔는데 곧바로 똑같은 길을 두 시간 걸려 돌아가야 한다니. 왠지 아쉬웠다. 게다가 이대로 다시 지하철역에 돌아간다면 환승 작전은 실패다! 약국을 나서며 잔머리를 굴렸다. 인천에 뭐가 있더라. 여기 온 김에 잠시 들를 만한 곳 어디 없나.

 뜬금없이 부평역이 떠올랐다. 인천 출신 친구들에게 부평 지하상가 이야기를 몇 번 들은 적 있었다. 경로를 찾아보니 마침 부평역 가는 버스가 곧 온다고 했다. 가까운 데다가 집으로 가는 방향이기도 해서 후다닥 버스에 몸을 실었다. 삑, 환승입니다. 어김없이 나오는 그 목소리에서 쾌감을 느꼈다.

 부평역에서 하차한 뒤 지하상가로 내려갔다. 지하철 환승까지 나에게 주어진 시간은 30분. 갑자기 들르게 된 경유지에서도 나는 소소한 목표를 세웠다. 가방에 달 키링 하나만 건지자. 하지만 옷 가게는 즐비한데 소품 가게는 생각보다 많지 않았고, 그나마 있는 소품 가게에서도 딱히 마음에 드는 게 없었다. 몇 분이나 지났나 계속해서 시계를 살피며 잰걸음으로 지하상가를 누비던 나는, 환승을 10분 남기고 제법 개성 있는 소품 가게를 발견했고, 그곳에서 토마토 모양의 깜찍한 양모펠트 키링을 얻는 데 성공했다.

이제 지하철을 타러 가야 하는데, 지하상가가 워낙 커서 역까지 가는 데 생각보다 오래 걸렸다. 그래도 환승은 할 수 있겠다며 열심히 걷던 중 배에서 꼬르륵 소리가 났다. 환승이고 뭐고 밥 먹고 가야 하나, 생각하고 있는데 마침 역사 안에 일본 감성의 빵집이 보였다. 진한 버터 냄새에 홀리듯 들어가 피낭시에를 몇 개 집어 계산한 뒤 부랴부랴 개찰구에 도착했다. 삑, 환승입니다. 휴우. 미션 성공이었다.

돌아오는 열차에는 갈 때보다 사람이 훨씬 많았다. 게다가 다음 열차로 갈아탈 때 시간이 1분밖에 안 남아서 내리자마자 전속력으로 뛰어야 했다. 그래도 운 좋게 자리에 앉아 에어컨 바람 아래에서 떨다가, 불현듯 핸드폰 메모장을 열어 짧은 소설을 쓰기도 했다. 이날 나의 환승은 지하철역에서 우리 집까지 오는 버스를 타는 것으로 끝이 났다. 총 네 번의 환승 기회를 모두 쓴 셈이다.

게임하듯 보낸 하루였다. 목적지에 가는 목적이 워낙 짧다

보니 무의미하게 보낼 수도 있는 시간이었지만, 지루한 일상에 적당한 긴장감을 부여하는 순간 생기가 돌았다. 똑같은 음악도 어떤 리듬으로 연주하느냐에 따라 그 느낌이 달라지는 것처럼.

 이 책에 실을 글들 역시 환승 여행을 하는 마음으로 쓰고 있다. 마감날까지 약간의 초조함을 지니고 글을 쓰다가, 기한 내에 글을 업로드하고 나면 짜릿한 통쾌함을 느낀다. 글 하나에 마침표를 찍은 뒤에는 그다음 글을 쓰기 전까지 짧은 휴식을 가진다. 휴식이 너무 길어지면 불안하다. 늦지 않게 다음 글의 제목을 적는다면 환승 성공이다. 바통 터치하듯 부지런히 쓰는 날들을 보내며, 손가락에 생생하게 남아 있는 그 감각을 느낀다.

웨딩사진

 어느 유월. 결혼식 날짜는커녕 양가 부모님께 결혼 허락을 받기도 전이었다. 서로에 대한 마음만큼은 누구보다 굳건했으나, 과연 우리가 가진 돈으로 결혼식을 올리고 살 곳을 마련할 수 있을지 도무지 감이 안 잡혀서 혼란스럽던 시기였다. 그런 타이밍에 우리는 오스트리아로 여행을 떠났다. 그리고 생뚱맞게 그곳에서 웨딩사진을 찍어버렸다. 처음에 비행기표를 살 때만 해도 상상도 못 했던 일이다. 원래 혼자 떠나려 했던 여행이니까.

 당시 나는 여행에 푹 빠져 있었다. 몇 개 없는 연차를 아끼고 또 아끼고, 없는 돈을 모으고 또 끌어모아 한 번씩 해외여행을 가는 데에 온 영혼을 바쳤다. 6개월 뒤 오스트리아로 떠나는 비행기표를 덜컥 사놓고, 3개월 정도 남았을 때 쭈뼛쭈뼛 부모님께 말씀드렸다. 혼자 갈 거라는 나의 말에 아빠는 크게 노하며 당장 취소하라고 하셨다. 취소 수수료가 엄청 비싸다고 말씀드려도 통하지 않았다. 아빠는 혼자서 가는 건 절대 허락 못 한다고 하셨다. 같이 갈 사람을 급히 구해보았지만 아무도 시간이 맞지 않았다. 그러다 딱 한 명이 여행 기간에 휴가를 낼 수 있게 되었다. 바로 현 남편이자 당시 남자 친구, 홍군이었다.

하지만 훗날 결혼 날짜를 잡고 난 뒤에도 외박 한 번을 허락하지 않았던 우리 부모님. 홍군은 나와 다른 비행기를 탈 것이고(내가 예약한 비행기는 가격이 배로 올랐다), 여행지에 가서 만날 것이며, 도미토리 형식의 게스트 하우스에서 지낼 거라는 증빙 자료를 아부지께 보여드렸다. 능구렁이처럼 "그냥 해외에서 만나서 데이트하는 거나 다름없어요" 하고 말씀드렸더니, 아빠는 나를 있는 힘껏 째려보시며 마지못해 허락을 내리셨다. 내심 홍군을 예비 사위로 생각해두셨기에 가능했던 것 같다.

여행에 눈이 돌아가서 이 많은 일을 저질렀지만, 여행 날이 다가올수록 마음 한구석이 불편했다. 부모님은 내가 얼른 결혼해서 자리 잡기를 바라고 계셨다. 저 철딱서니 없는 녀석. 날 바라보는 엄마와 아빠의 눈에는 그렇게 쓰여 있었다. 틀린 말도 아니었다. 돈이 걱정돼서 결혼을 못 한다는 사람이 유럽으로 여행 갈 돈은 있다니.

어떻게 하면 마음이 덜 찔릴지 고민하던 나는 오히려 더 당돌하게 일을 벌이고야 말았다. 어차피 우리가 몇 년 안에 결혼을 할 거라면, 여행 간 김에 가성비 좋은 결혼사진을 찍어버리자는 것. 결혼 준비의 필수 코스인 일명 '스드메(스튜디오, 1차 드레스, 1차 메이크업)'를 한 번에 해치울 수 있는 기회였다.

빈에서 활동하는 스냅 사진 작가를 찾았다. 촬영 시간이 가장 짧은 두 시간 코스로 예약하고, 인터넷으로 흰 원피스를 샀다. 세상에서 제일 간단한 웨딩 촬영 준비를 끝낸 뒤 우리는 각자의 비행기를 타고 오스트리아로 향했다.

빈에 도착한 다음 날 아침. 분주하게 촬영 갈 준비를 했다.

머리는 반절만 묶은 뒤 허리까지 오는 면사포 핀을 꽂았다. 홍군이 어느 골목길 매대에서 사줬던 귀걸이도 끼고, 평소 안 하던 복숭앗빛 블러셔도 볼 위에 발랐다. 온몸에 찰싹 달라붙어 종아리까지 내려오는 머메이드라인의 흰 원피스를 입고, 흰 셔츠에 나비넥타이를 맨 그와 빈의 길거리를 걸었다. 약속 장소로 가는 내내 부끄러움에 고개를 똑바로 들지 못하던 나는 이내 생각을 고쳐먹었다. 어차피 이 길거리에는 내가 아는 사람이 한 명도 없다. 최대한 즐겨보자, 하고.

조금 떨리긴 했지만 우리의 몸과 마음은 가벼웠다. 빈의 바닥은 우둘투둘한 돌로 되어 있다는 말을 듣고, 힐이 아닌 낮은 통굽 구두를 신고 온 덕에 걷기에도 편했다. 짐은 핸드폰뿐이었는데 그마저도 작가님께 맡겨두었다. 자유롭게 촬영에 임한 덕일까. 평소 우리의 모습이 그대로 사진에 담겼다. 내 원피스가 말려 올라가자 홍군이 매무새를 정리해주는 모습, 강하게 내리쬐는 햇살에 얼굴을 찌푸리니 그가 손으로 차양을 만들어 해를 가려주는 모습까지도.

촬영하며 마주친 많은 이들이 우리에게 축하한다며 박수를 쳐주었고, 어떤 관광객들은 우리의 모습이 신기한지 카메라로 찍기도 했다. 사진작가님이 설명하기를, 이곳에서는 결혼식을 올린 뒤 바로 야외로 나와서 기념사진을 찍는 경우가 많다고 했다. 아마 사람들은 우리가 오늘 결혼식을 올렸다고 생각했던 모양이다. 처음엔 민망함에 아무 대꾸도 못 하던 우리는 시간이 지날수록 능청스러워졌다. 엄지손가락을 치켜들며 "Congratulations!"라고 말해주는 사람들에게 "Thanks!"라고 답하며 손을 흔드는 식이었다.

작가님이 안내하는 대로 빈의 근사한 장소들을 구경했을 뿐인데 두 시간이 훌쩍 지나갔다. 그저 사진을 남기기 위한 촬영이 아니라, 여행을 즐기는 우리의 모습이 카메라 속에 고스란히 담겼던 시간. 작가님과 헤어지고 나니 배에서 꼬르륵 소리가 났다. 우리는 그 옷차림 그대로 한 레스토랑의 테라스에 앉아, 따스한 햇살을 받으며 오스트리아의 대표 음식인 슈니첼을 먹었다. 완벽한 피날레였다.

다행스럽게도(?) 우리는 1년 뒤 '진짜 결혼식'을 올렸다. 3만 원짜리 드레스를 입고, 내 멋대로 화장하고 얼렁뚱땅 찍은 우리의 웨딩사진. 서툰 모습이지만 배경만큼은 백만 불짜리인 그 사진들은 모바일 청첩장에도, 결혼식장의 포토 테이블에도 잘 실었다. 빈에서의 두 시간짜리 낭만은 우리에게 결혼식만큼이나 강렬한 기억으로 남았다. 돌이켜보면, 결혼을 할 수 있을지 없을지도 모르는 상황에서 나 같은 쫄보가 어쩜 그런 생각을 했는지 여전히 미스터리다. 돈 주고도 못 살 그 낭만. 무모해서 더 빛났던 우리의 웨딩 촬영. 사진 속 우리는 치아를 아낌없이 드러내며 활짝 웃고 있다.

4..5..▼..0..1..2..3

Part 6. 왜

쓸모와 무용의 경계에서

멍든 사과의 단맛을 입안에서 느끼며 평소 보지 못하던 면면을 본다. 여러모로 반성하게 하는 맛이다.

문장

나는 쓸 수 있는 사람일까?

매일 쓰면서도 매일 의심한다. 의심할 시간에 한 문장이라도 더 쓰는 게 효율적이겠거니 생각하면서도, 애초에 글쓰기와 효율이라는 표현을 함께 두는 건 영 어색한 일이란 걸 깨닫는다. 오히려 그 무수한 의심이 내 글을 조금이라도 더 글답게 만드는 동력이 될 거라고 믿는다. 키보드를 누르고 있는 나 자신을, 그리고 모니터 속 가득 담긴 나의 문장들을 계속해서 의심한다.

나는 쓸 수 있는(作) 사람인가. 이 문장들은 과연 쓸 수 있는(用) 문장들인가.

냉장고

우리 집 냉장고는 작은 편이다. 크기란 게 워낙 상대적이라 어떻다고 말하기 애매하긴 하지만, 주로 혼수로 장만한다는 모델들에 비해 200리터 이상 작다. 특히 냉동고 문에 정수기까지 달려 있어서 안 그래도 좁은 냉동실이 더 비좁게 느껴진다. 장을 보고 와서 식재료를 정리할 때나, 엄마가 두 손 무겁게 싸주신 반찬들을 냉장고에 넣을 때마다 나는 투덜거린다. "이놈의 냉장고는 어째 맨날 넣을 자리가 없어!"

지친 몸을 이끌고 냉장고를 뒤진다. 뭐라도 꺼내야 내가 가져온 물건들을 얼른 집어넣을 수 있을 테니까. 그런데 한숨 쉬며 냉장고 속을 보면 금세 머쓱해진다. 너무 오래돼서 썩기 직전인 무, 쉰내가 폴폴 올라오는 밑반찬, 겨우 한 포기 남았는데 제일 큰 통에 들어 있는 배추김치가 한눈에 들어온다. 지금까지 왜 못 본 건지 수상할 정도다. 옆에서 "우리 다음엔 냉장고 꼭 큰 걸로 사자"라고 말하는 남편에게 대답한다. "아니야, 여보. 꼭 그러지 않아도 될 것 같아…." 정리하다 보면 자리는 만들어진다. 그것도 넉넉하게.

쓸데없이 공간을 차지하는 것과 묵은 것들은 수시로 살피고 비워주어야 한다. 하지만 아무런 계기도 없이 그것들을 제때제때 정리하기란 쉽지 않다. 특히 묵은 것은 어느 순간부터는 마치 배경이 된 것처럼 눈에 띄지 않는다. 조용히 자리를 지키며 썩어갈 뿐이다.

비워내야만 새로운 걸 받아들일 수 있는 냉장고처럼, 마음속 공간도 똑같은 결로 움직인다. 사람마다 마음의 크기는 다르다. 타인을 너그럽게 포용하는 사람도 있고, 자신 이외의 모든 생각은 일단 배척하고 보는 사람도 있다. 시대의 흐름에 맞추어 새로운 것을 잘 수용하는 사람이 있는가 하면, 고정 관념에만 머무르는 사람도 있다. 이때 그릇의 크기는 막상 대수로운 문제가 아닌 것 같다. 한정된 공간일지라도, 그 속에 고여 있는 것들을 잘 정리한다면 새로운 것을 충분히 받아들일 수 있다. 어떤 케케묵은 생각들이 새로운 걸 받아들이지 못하도록 길을 막고 있는지 잘 살펴볼 필요가 있겠다. 묵은 것들은 잘 보이지 않는다는 점을 유념하면서.

일기예보

 실외에서만 배변하는 강아지를 키우는 내겐 날씨가 무척 중요하다. 특히 비 오는 날에는 최대한 비가 덜 올 때 나가려고 매시간 날씨와 눈치 게임을 한다. 일기예보를 끊임없이 들여다보지만 맞지 않는 경우가 많다. 난 안절부절못하며 시도 때도 없이 창문을 열고 밖을 살핀다. 그친 것 같아 부랴부랴 나가면 갑자기 쏴아아 쏟아지는 비에 생쥐 꼴이 되기도 한다. 장마철에는 매일 이런 일과를 반복하며 마음을 졸인다.

 미래는 그 누구도 알 수 없다. 어떤 방식으로든 예측하려 하지만 결코 정확할 수 없다. 그걸 아는데도 사람들은 가까운 미래든 먼 미래든 알고 싶어 한다. 자꾸 틀리는 걸 알면서도 일기예보를 찾는 것처럼. 애초에 정확도는 그리 중요하지 않을지도 모른다. 우리는 그저 예측된 미래를 보며 위안을 얻거나 혹시 모를 상황에 대비한다.

 머나먼 옛사람들도 미래를 점쳤다. 점성술사는 천체의 움직임을 연구하여 지상에서 일어나는 일과 연관 지었다. 그들이 점친 미래는 개인의 운명을 넘어 국가의 중대한 결정까지 좌우했다. 농사를 짓던 우리 조상들도 겨울이 지나 봄이 찾아오면 '보리뿌리점'을 쳤다. 보리 뿌리를 캐보았을 때 세 가닥이 넘으면 풍년이고, 두 가닥은 평년, 한 가닥이면 흉년이 들거라 예측한 것이다. 만약 보리 뿌리를 뽑아보니 겨우 한 가닥이었다면 그 농부는 어떻게 했을까. 올해는 흉년이네, 좌절하고 호미를 집어 던졌을까? 점사에 따라 기분은 달라졌겠지만 대부분의 농부는 금방 현실로 돌아가 성실하게 농사를 지었을 것이다. 점쳐진 미래는 현실이 아니니까. 현명한 사람이라면 그 사실을 알 테니 말이다. 만약 세 가닥의 뿌리가 나왔다고 해도, 풍년으로 예측된 미래가 사실이 될 수 있도록 농부는 더 열심히 농사를 지었을 것이다. 우리는 이런 식으로 점쳐진 미래를 참고하며 결국 현재를 산다.

얼마 전엔 사주를 보았다. 사주를 딱히 믿진 않아서 그동안 재미 삼아 몇 번 본 게 전부였다. 다만 요즘 부쩍 나의 미래가 궁금했기에 오랜만에 사주 방의 문을 두드리게 되었다. 내 질문은 짧고 명확했다.

"저 언제까지 아플까요?"

작년부터 올해까지 잔병치레가 잦았다. 혹시 작년과 올해 내 사주에 뭔가 안 좋은 게 있는 걸까. 상담을 해보니 사주 아주머니가 용하다거나, 무릎을 탁! 치게 하는 그런 맛은 없었다. 내가 듣고 싶었던 말은 "작년이랑 올해 건강 운이 안 좋네. 내년부터는 그래도 풀릴 거야"였는데, 아주머니는 "작년, 올해, 내년까지 쭉 자잘하게 아플 거야"라고 말씀하셨다. 심지어 그 뒤에도 잠시만 괜찮아질 뿐, 앞으로 5년 뒤까지는 계속해서 아플 거라 하셨다.

그 말을 듣고 나는 실망했을까? 물론 앞으로 안 아플 거란 말이 훨씬 반가웠겠지만, 마음은 오히려 편해졌다. 한 가닥의 보리 뿌리를 캔 농부의 마음이었다. 앞으로 계속 아플 거라는 걸 받아들이고, 아플 때마다 "또 시작이군" 하고 덤덤하게 받아들일 용기가 생겼다. 내가 할 수 있는 건 최대한 건강한 생활을 이어가는 것뿐. 100번 아플 운명을 그나마 50번 아프도록 최선을 다해 줄이는 수밖에 없다.

만약 내년부터 건강해질 거라는 말을 들었어도 딱히 달라질 건 없었을 것이다. 괜찮아질 거라는 그 말이 사실이 될 수 있도록 노력했겠지. 사주 아주머니의 말이 맞든 틀리든 그건 별로 중요하지 않다. 하지만 점쳐진 미래를 듣기 전과 듣고 난 뒤의 마음가짐은 확실히 달라졌다. 모든 게 갑자기 나아질 거라는 기대를 이제는 하지 않는다. 대신 지금 크게 아픈 건 아니라는 사실에 감사하는 마음을 가져보기로 했다. 아픈 게 한꺼번에 밀려오지 않도록, 그동안 미뤄왔던 자잘한 치료들도 적극적으로 받기로 했다.

어떤 미래가 올지 기대하고, 궁금해하고, 점쳐진 미래에 기대어 내일을 준비하는 것. 사람에게는 가끔 그런 엉터리 위안이 필요한가 보다. 일기예보가 자주 어긋나는 줄 알면서도 우산을 준비하는 것처럼. 행여 비가 오지 않더라도 비가 안 왔다고 투덜대기보다는, 그래도 손에 우산이 들려 있음을 위안 삼아야겠다. 언제 또 갑자기 비가 내릴지 모를 일이니까.

씨앗

 털이 풍성한 달콩이와 산책하고 집에 오면, 그 하얀 털에 이름 모를 씨앗들이 한가득 붙어 있다. 털 사이에 얽혀서 잘 떨어지지 않는 씨앗들을 빗질로 떼어내며 묻는다.

 "너는 무슨 씨앗이니."

 내가 미처 떼어내지 못한 씨앗이 달콩이 몸에 숨어 있다가 집 어딘가에 떨어지는 상상을 한다. 눈에 잘 띄지 않는 곳에 씨앗이 뿌리를 내리고, 싹을 틔우고, 키가 커서, 어느 날 집 청소를 하던 내가 노란 꽃이나 빨간 열매를 발견하게 되는 그런 이야기…. 하지만 초록색이라곤 인조 잔디뿐인 우리 집에서 그런 일이 일어나긴 어렵겠지.

 바닥에 떨어진 씨앗들을 쓸어 모으며 애도를 표한다. 다른 세상으로 멀리멀리 퍼지고 싶었구나. 그래서 움직이는 털 뭉치에 착 달라붙었구나. 어디로 향하는지도 모른 채 희망을 품었겠지. 그 끝이 결국 우리 집이라 미안해.

 있잖아. 뜬금없는 고백이지만 나 역시 지금 내가 어디에 있는지, 또 어디로 가고 있는지 잘 모르겠어. 우리는 과연 인조 잔디 사이에서나마 꽃을 피울 수 있을까? 그래도… 적어도 달콩이 몸에 앉아 산책하는 그 길이 즐거웠기를. 부디 불시착한 이곳에서, 어떤 사소한 의미라도 가져갈 수 있기를.

실속과 낭만

 초여름의 어느 날. 반팔 티셔츠를 입고 커다란 배낭을 멘 내가 서울에서 열린 도서전을 구경하고 있다. 부스에 전시된 책들을 들었다 놨다 하며 나는 스스로에게 묻는다. 낭만이냐, 실속이냐. 그것이 문제로다.

 책 좋아하는 이에게 도서전은 천국이다. 탐스럽고 흥미롭고 예쁜 책들이 자기를 데려가라며 유혹한다. 이런 책이 있었어? 자꾸만 눈이 휘둥그레진다. 내 마음에 쏙 들어온 책을 당장 집어서 계산대로 들고 가 책값을 치른 뒤 가방 속에 모시고 싶다. 어떤 부스에서는 책을 구매한 이들에게 굿즈를 증정하기도 한다. 뽑기 기회를 주는 출판사 부스도 있다. 나도 책을 사서 저 뽑기 판을 돌려보고 싶은 욕구가 솟구친다. 하지만 무엇을 망설이느냐.

 이것은 충동구매인가, 나에게 묻는다. 그럴지도 모른다고 답한다. 이 무거운 책들을 짊어지고 집에 가려면 힘들까, 예스. 인터넷으로 구매하는 것이 더 저렴한가, 예스. 증정 굿즈는 나에게 꼭 필요한가, …아니요. 마음에 들어온 책들을 잘 메모해두었다가 인터넷으로 사는 게 낫겠다고 판단한다. 하지만 그리 결심해놓고도 나는 장난감 코너에서 사고 싶은 인형을 못 사고 마트를 떠나야 하는 어린아이처럼 미련이 철철 넘친다. 실속파 온정이 말한다. 아니, 어차피 인터넷으로 살 거잖아? 그 무거운 책들을 더 저렴한 가격에 집 앞에서 받아볼 수 있다고. 정신 차려! 낭만파 온정이 반대한다. 아냐, 이 도서전의 공기를 느껴봐. 여기서 신나게 결제해야만 느낄 수 있는 기분이 있어! 필요에 의해 굿즈를 받는 사람이 얼마나 있겠어? 그게 다 기념인 거야!

결국 나는 빈손으로 도서전을 나왔다. 짐이 없어서 어깨는 가벼웠지만 사랑스러운 책들을 뒤로하고 떠나자니 발은 조금 무거웠다. 책 쓰는 사람이 책 사는 데에 이렇게 실속을 따져서야, 원. 쯧쯧… 하는 마음도 들었다. 지하철을 타고 집으로 향하는 동안 인터넷 서점에 접속했다. 오늘 적은 메모장에 책

목록이 가득했다. 그 책들을 일일이 검색하고, 내가 이 책의 어떤 점에 끌렸었는지 상기해보고, 책 소개와 리뷰를 가볍게 훑었다. 결국 탈락하거나, 나중에 사기로 결정한 책들도 있었다. 숨을 한 번 고른 뒤 결제 버튼을 눌렀다. 책들은 바로 다음 날 집 앞으로 날아왔다. 배송받은 책들은 어느 하나 빠짐없이 재미있게 완독했다. 결국 도서전에서 책을 사지 않은 것에 대한 후회는 없다.

역시 '실속파 온정'이 우세하다. 나이가 들수록 '낭만파 온정'의 입지는 점점 더 줄어든다. 나에게는 초등학생 때부터 지금까지 쭉 친하게 지내는 사총사 친구들이 있는데, 어렸을 때는 친구들과 매년 생일마다 깜짝 선물을 주고받곤 했다. 20대가 되자 우리는 생일자에게 필요한 게 뭔지 직접 물어본 뒤, 셋이 돈을 모아서 그 물건을 사주기 시작했다. 이제 30대가 된 우리는 생일자에게 정해둔 만큼의 현금을 보낸다. 처음에는 너무 인간미 없나 싶기도 했는데, 몇 년 해보니 그만한 선물이 없다. 특히 그만큼 가까운 관계라서 가능한 선물이라고 생각하면 남다른 의미가 있다. 생일날이 되어 현금 선물을 받고 나면 이 돈을 어떻게 잘 쓸지 즐겁게 고민하는 일만 남는다. 색깔이 맞지 않아 쓰지 못한 립스틱이나, 뿌리면 머리가 아파 못 쓰는 향수를 받고 이러지도 저러지도 못해 아까워하는 일은 없어졌다.

나이가 들어서도 있겠지만 세상의 트렌드 역시 점점 실용적으로 변하고 있다. '인생은 한 번뿐이니 쓸 때는 쓰자'라는 YOLO(You Only Live Once)가 한때 유행했다면, 이제는 YONO(You Only Need One)가 유행이다. 필요한 물건 딱 하나만 있으면 된다는 뜻이다. 요즘은 물건 하나를 사더라도 이게 꼭 필요한 것인지 여러 번 확인한다. 중고 마켓을 들여다보거나, 인터넷에서 최저가를 검색하는 일도 필수다. 이런 과정이 피곤할 때도 많다. '이렇게 열심히 천 원, 2천 원 아껴서 아주

그냥 부자 되겠네!' 하며 스스로를 비꼬기도 한다. 하지만 그렇게 아낀 돈들을 모아, 아이러니하게도 나는 평소 잘 챙기지 못하던 낭만을 챙긴다. 특히 고마운 마음을 표현할 때는 최대한 아끼지 않고 쓰려한다. 자기 돈 주고는 사기 아까울 것들을 주변 사람들에게 선물한다든지, 기꺼이 맛있는 밥을 사기도 한다.

  실속이 우선하는 세상이다. 그 안에서 그저 실속만 따지는 궁상맞은 사람이 되지 않으려면 필요한 순간에 한 스푼의 낭만도 챙길 줄 알아야 한다고, 매번 다짐한다. 오늘은 사총사 친구들을 만나러 간다. 우리 동네 디저트 맛집에 들러 에그타르트를 두 손 무겁게 사 갈 것이다. 디저트 귀신들이 깜짝 놀라며 기뻐할 상상을 하면, 그동안의 궁상이 비로소 그 가치를 찾는 기분이다.

츄리닝

나는 G 브랜드 로고를 몸에 붙인 채 34,900원에 팔릴 운명으로 태어났다. 반짝반짝한 매장 한가운데 차곡차곡 반듯이 개어져서, 많은 사람의 손이 나를 스쳐 갔다. 그런데 어째 만져보기만 하고 막상 나를 데려가는 사람이 없었다. 기다림의 시간이 길어지자, G 브랜드 직원은 나를 다른 곳으로 데려갔다. 내 사리는 점점 구식으로 밀려났고, 34,900원 태그 위에는 스티커가 덕지덕지 붙여졌다. 24,900원으로. 또 거기서 14,900원으로. 시간이 지날수록 나는 불안해져서 이젠 팔리기만 해도 감사하다는 심정이 되었다. 결국 내 몸은 10,000원이라는 꼬리표를 달고는 세일 매대 위에 아무렇게나 흩뿌려졌다. 오, 제발. 아무나 데려만 가주세요.

다행히 먼지 이불을 덮기 전에 어떤 이가 나를 선택했다. 색깔만 다를 뿐 나와 똑같이 생긴 한 친구도 함께. 주인집에 도착해보니, 우리는 겨우 무릎이 다 나가서 너덜너덜해진 저 츄리닝을 대체하러 여기까지 온 거란다. 아이고, 자존심 상해.

내가 말이야. 원래는 3만 원대였다고! 아닌 게 아니라, 주인도 다른 사람들에게 한 번씩 말하곤 했다.

"이 츄리닝 원래 3만 원짜리인데 싸게 잘 샀다?"

에헴, 저기요. 3만 원 아니고 3만,4천,9백 원이에요. 그런데 듣다 보니 궁금해졌다. 나의 가치는 원가인 3만 4천 9백 원인 건지, 만 원에 팔렸으니 만 원짜리인 건지. 들어보니 사람들도 줄곧 과거의 자신을 내세우곤 하던데. "내가 말이야, 왕년에는 잘 나갔어!" 하면서. 그렇다면 나도 그럴듯했던 나의 과거를 내세워도 괜찮은 걸까.

팔리기만 하면 나는 따뜻한 집 옷장에서 잠자고, 다음 날이 되면 햇볕을 쬐며 비타민 D를 합성하고, 종종 세탁기에 들어갔다가 뽀송뽀송한 모습으로 개운하게 나와 또 다른 하루를 시작할 수 있을 줄 알았다. 하지만 나에게는 더 큰 시련이 찾아왔다. 알고 보니 나와 같이 선택된 다른 친구는 주머니를 달고 태어난 것이었다. 난 주머니가 없다는 이유로 찬밥 신세가 되었다. 내가 핸드폰을 품어줄 공간은 없을지언정, 주인의 두 다리를 따듯하게 감싸줄 능력은 있는데.

 날 봐달라고 아무리 외쳐봐야 주머니 달고 태어난 저 녀석을 이길 방법은 없어 보인다. 친구가 부럽고 밉다. 그래도 옷장이 세일 매대보다는 나은 건가. 누군가에게 선택받고 찬밥 신세가 되는 것과, 선택받지 못하더라도 아직은 희망이 남아있는 삶. 어떤 게 덜 고달플까. 우열을 가릴 수 없어 더 씁쓸하다. 내 몸에는 벌써 쿰쿰한 옷장 냄새가 배었다. 오늘도 옷장 속에 처박혀 나를 바라봐주기만을 기다리는 신세가 처량하다. 아, 그리운 바깥세상이여.

항해

 어쩌다 보니 배 타고 바다를 항해하는 모험가처럼 살고 있다. 한 번씩 직장이라는 육지에 정박하여 안정적인 삶을 살다가, 몇 해가 지나면 배를 몰고 다시 출렁이는 바다로 훌쩍 떠난다. 바다 위를 헤매는 동안에는 주로 글을 쓰고 책을 낸다. 공부를 하기도 한다. 또렷한 목적지 없이 나침반을 확인하고, 노를 젓고, 돛을 펴고, 수평선의 노을을 바라보고… 그 과정 하나하나에 집중하는 시간이다.

 처음부터 이런 삶을 살고자 했던 건 아니었다. 안전한 육지 한 가운데에 오래오래 정착하여 살고 싶었고, 도리어 바닷물에는 발가락 하나 담그는 것조차 두려웠다. 하지만 어쩔 수 없이 직장을 그만두어야 하는 상황이 반복되면서 등 떠밀리듯 소속 없는 세상으로 나가게 되었다. 보편적이지 않은 이런 삶에 나름 적응했다 싶다가도, 바다를 떠돌고 있을 때면 줄곧 회의감이 든다. 나만 도태되었다는 걱정과 불안감은 덤이다. 저 멀리 육지가 보일 때마다 다가가 닻을 내리고 싶은 충동이 불쑥 올라온다. 불규칙적으로 흔들리는 바다에서 바라보는 육지의 분주한 일상은 마냥 근사해 보인다. 육지에 오래도록 뿌리내리고 사는 이들을 동경하기도 한다. 나도 저런 삶을 살았어야 했는데, 하고.

직장 생활이 녹록지 않다는 건 잘 알고 있다. 하지만 소속이 없는 데에서 오는 공허함과 불안함은 그 힘든 직장 생활마저 그립게 한다. 출근을 하고, 퇴근을 했다는 사실만으로도 일단 나의 하루가 돈의 가치로 환산되는 곳. 정해진 시간 안에 최선을 다해 맡은 일을 해내는 것이 미덕인 곳. 하지만 소속이 사라지는 순간 정해진 시간도, 맡은 일도 없어진다. 스스로 부여한 일들로 하루하루를 유의미하게 보내기 위해 몸부림치지만, 그 시간을 잘 보냈다고 증명해내기는 좀처럼 쉽지 않다. 어떻게 해야 잘 사는 걸까. 과연 나는 돈과 맞바꿀 만큼 가치 있는 일을 하고 있는 걸까. 가끔은 끝이 보이지 않는 물음표 세상에서 헤어 나오지 못한 채 그저 무기력해진다.

내가 이렇게 불안해할 때마다 시어머니께서는 말씀하셨다.

"온정아. 너무 돈, 돈 하면서 살 필요 없어. 돈이란 게 원래 상대적인 거고, 있다가도 없는 거야. 아무리 잡으려고 아등바등 애써도 안 잡히는 게 돈이야. 또 열심히 살아가다 보면 불쑥 생기기도 하는 게 돈이고. 너는 아직 젊잖아. 네가 가치 있다고 생각하는 일을 해. 그게 중요한 거야."

자본주의 사회에서 돈 생각하지 않고 사는 사람이 어디 있을까. 돈, 돈 하면서 살 필요 없다고 말씀하시는 어머님의 말씀에 갸우뚱할 사람도 있을 것이다. '돈에 신경을 안 써도 될 만큼 부자이신가?' 하고 생각할지도 모른다. 어머님과 아버님은 집 바로 옆에 붙어 있는 온실에서 30년 넘게 부지런히 꽃 농사를 지으셨다. 그동안 세 번의 수해로 집과 온실이 잠겼고, 불도 두 번이나 나서 한 번은 집 전체가 까만 재가 되었다. 어머님께 '물질적인 것'이란 말 그대로 있다가도 없는 것이었다.

차곡차곡 쌓이다가 하루아침에 사라지기도 하는 것이었다.

인생의 많은 시간을 바치셨지만 그만큼 허무한 순간도 많았을 꽃 농사일. 그래도 어머님은 그 일을 좋아했기에 후회는 없다고 말씀하신다. 하지만 바쁘게 일만 하느라 그보다 더 가치 있다고 생각하시는 일들, 예를 들어 아들들이 어렸을 때 함께 많은 시간을 보내지 못한 일이나 온실 밖 세상을 좀 더 탐색하지 못한 일만큼은 정말 후회된다는 이야기를 꼭 덧붙이신다.

가치 있는 일이란 무엇일까. 사람마다 가치의 경중은 다르다. 마음속에 우선순위로 둔 가치가 있더라도, 현실에 부딪혀 어쩔 수 없이 뒤로 미루기도 한다. 예전에는 내가 생각하는 가치나 삶의 목표에 돈과 명예가 제법 큰 부분을 차지했다. 하지만 그것이 억지로 잡으려 한다고 잡히는 게 아니라는 걸 알게 된 후로 나는 조금 달라졌다. 예전에는 거들떠보지도 않던 몸 건강, 마음 건강, 우리 가족의 행복, 나의 꿈이 중요해졌다. 누군가는 배부른 소리라 할 수도 있고, 헛된 희망이라 생각할지도 모르지만 내 마음속 목소리는 분명히 그렇다고 외치고 있다. 세상이 원하는 보편적인 길을 걷는 것도 중요하지만, 그러다 보면 상징적인 가치들을 놓치게 된다고.

소속 없이 바다를 떠도는 나도, 육지에 정박해서 돈을 버는 나도 충분히 가치 있다고 믿는다. 이제는 육지에서 보내는 시간이 없다면 바다에 나갈 수 없을 것이고, 바다에서 보내는 시간이 없다면 또 육지에 정착해 있기 어려울 것이다. 둘 사이의 균형을 잘 맞추며 살아가는 게 내가 추구하려는 삶의 방식이고, 그러기 위해서는 불안한 상황들을 어느 정도 감수해야 한다.

지금은 출간 계약서를 품에 꼭 껴안은 채 이것이 나의 소속인 양 의지하며 꿋꿋이 글을 써 나간다. 내가 가치 있다고 생각하는 것을 밀고 나아가는 힘. 그 힘은 결국 내면의 목소리에 귀 기울이며 자신을 믿는 것에서부터 시작된다.

유서
그저 남기는 글

 언제였을까. 난 고등학생, 오빠는 대학생쯤 되었을 때였나. 평소 사유하는 방식이 좀 남달랐던 오빠가 이런 말을 한 적 있었다.

 "나 가끔 유서 쓴다?"

 "미쳤나 봐. 뭐 그런 말을 해?"

 나는 경악했다. 인간이 절대 입에 담아서는 안 될 단어를 들어버린 것처럼. 나에게 그런 말을 던져버린 오빠가 순간 원망스러웠다. 아, 진짜. 그러지 마! 오빠를 잔뜩 흘겨보며 팔뚝을 세게 때렸던 기억. 하지만 그는 가볍게 웃더니 이어 말했다. 아니, 내가 죽고 싶어서 그런 게 절대 아니고, 그냥 인생의 속성을 똑바로 바라보는 것뿐이지. 본래 사람은 태어나면 언젠가는 죽어야 하는 운명이잖아. 그런데 어디서 어떻게 죽을지는 모르는 일이니까….

 워낙 오래 전이라 정확한 말은 기억나지 않지만 차분하고 논리적인 이유였다. 평소 말솜씨가 그리 좋지 않던 오빠는, 꼭 이런 말을 할 때면 갑자기 달변가가 되어 책 읽듯 술술 이야기를 이어가곤 했다. 맞는 말만 늘어놓으니 불같이 흥분했던 나도 금세 할 말이 없어졌다. 돌이켜보니 그때 오빠가 철학을 공부했었나 싶기도 하다.

그 당시 우울증 환자는 나였다. 그랬기에 내가 인지하는 죽음은, 유서는, 불건전한 것이었다. 오빠 입에서 흘러나온 두 글자를 듣는 순간 자연스레 공포가 밀려왔다. 부정이라도 탄 것처럼. 불결한 존재인 것처럼. 오빠가 그런 걸 쓰는 순간 오빠에게 무슨 일이 생길 것만 같았다.

그런데 시간이 지나고, 우울증이 치유된 뒤로는 '가끔 유서를 쓴다'던 오빠의 말이 깊이 와닿는다. 집에 소화기를 구비해둔다고 해서 불이 나는 건 아니니까. 그것은 찜찜한 일이 아니라, 인간으로 태어나 언젠가는 맞이해야 할 죽음을 건전하게 바라보는 사람이 해둘 수 있는 준비다. 더 나아가, 혹시라도 예기치 못한 문제가 생겼을 때 자신보다 더 고통받을 가족들과 주변 사람들을 위한 배려이기도 하다.

 20대 때 한동안 친한 친구들과 모임비를 모았던 적이 있다. 매달 일정 금액이 내 통장으로 들어왔는데, 그러던 중 내가 해외여행을 가게 되었다. 해외로 여행을 간다는 것은 평소보다 위험한 상황에 자주 노출된다는 뜻이었다. 나는 오빠 말을 기억하며 유서를 적었다. 무슨 은행의 어느 통장에 누구누구의 돈이 들어 있으니 꼭 돌려주세요, 같은 내용이었다. 만일 나에게 무슨 일이 생긴다면 내 통장에 들어 있는 돈이 무슨 돈인지 사람들이 어떻게 알겠는가. 난처해질 친구들의 입장을 헤아린다면 제법 마땅한 행동이었다. 만에 하나 하는 마음에 쓰는 것뿐이니 꼭 필요한 내용만 가볍게 적었다. 그러고는 내 책상 위 어렵지 않게 찾을 수 있는 곳에 끼워두었다. 감사하게도 무사히 집으로 돌아왔지만, 여전히 나는 가끔 그런 식으로 유서를 적는다. 요즘은 어딘가로 떠날 때면 달콩이가 먹는 사료나 습관, 건강 정보들을 잘 기록하고 가야겠다는 책임감을 느끼기도 한다. 어떤 일이 어떻게 일어날 줄을 미리 알고 맞이하는 사람은 없으니까.

유서를 쓰다 보면 새삼스럽게 내 삶을 돌아보게 된다. 당장 나에게 시간이 별로 없다면, 나는 과연 누구에게 인사를 남기고 싶을까. 내 인생의 어떤 부분이 아쉬웠고 어떤 부분이 자랑스러웠나. 과거를 톺아보다 현재로 돌아온다. 나는 하루하루를 충실히 살고 있는가. 지금 이 시간을, 사랑하는 사람들을, 나 자신을 소중히 여기고 있는가.

꼭 죽음이 아니더라도, 소설을 구상하다가 '내가 갑자기 이 세상에서 사라진다면?' 같은 생각을 할 때가 있다. 실제로 소설에 그런 내용을 쓰기도 했다. 그 인물은 작정하고 사라진 거라 뒷정리를 철저히 하고 떠났지만, 만약 사라지기 전 준비할 시간이 없다면 남겨진 나의 물건들은 어떻게 될까. 누군가가 나의 일기장이나 카톡, 검색 기록, 유튜브 알고리즘, 메모장을 뒤져본다면? 어떤 내용은 읽어주었으면 좋겠다 싶다가도 어떤 내용은 평생 나만 알았으면 싶다. 집에 너저분하게 늘어놓은 살림들과 혼돈이 가득한 서랍 속, 구석구석에 쌓인 먼지 더미와 주방 기름때는 아무에게도 보여주고 싶지 않다. 제발 그런 건 눈감아 달라는, 하루빨리 치워달라는 부탁이 담긴 메모 한 장이라도 남기고 떠날 수 있다면 좋겠다.

괜히 거부감이 느껴져서 그렇지, 막상 '유서'라는 단어의 한자 뜻을 풀어보면 생각만큼 그리 무시무시하지 않다. 유서는 남길 유遺에 글 서書 자를 쓴다. 남기는 글. 우리는 살아가며 많은 글을 남긴다. 일기장에 남기는 글, SNS에 남기는 글, 친구와 나눈 카톡 대화, 이력서나 보고서에 쓰는 글까지. 우린 그 글들을 어딘가에 남겨둔 채 자리를 떠난다. 유서 역시 그런 글 중 하나라고 담백하게 생각해보면 어떨까. 유서에 대한 무거운 인식이 조금은 더 가벼워졌으면, 그렇게 되어 지금보다 보편화 되면 좋겠다는 생각이 든다. 소중한 사람들에게 써두는 편지 같은 마음으로.

나는 이미 유서를 가끔 쓰지만, 그럴 때마다 이런 생각도 한다. 이렇게 숨겨둔 걸 대체 누가 어떻게 찾나. 써봤자 발견하지 못한다면 다 말짱 도루묵일 텐데. 게다가 나처럼 허술하게 적어둔다고 끝나는 게 아니다. 유서가 법적 효력을 가지려면 여러 조건을 충족해야 한다고 한다. 법적 효력씩이나 필요한 내용은 별로 없겠지 싶으면서도, 그래도 기왕이면 유효한 게 좋지 않을까 싶다. 그런 의미에서, 이 세상의 앱 개발자 여러분께 청하는 바이다. 법적 효력이 있는 유서를 평소에 쓸 수 있게 앱을 만들어주십사, 하고. 기왕이면 침울한 디자인 말고, 누구든 쓰고 싶어지도록 세련되고 멋들어진 디자인으로다가….

(사실 이 글의 글감을 준 오빠도 개발자다. 오빠. 보고 있니?)

애착 인형

달콩이에게는 애착 인형이 하나 있다. 개껌처럼 길쭉해서 입에 물기 딱 좋은 초록색 삑삑이 인형. 몇 년 동안 물고 뜯어서 솜이 터져 나오고 너덜너덜해진 걸 남편이 여러 번 기워줬다. 수명이 다해가는 걸 알기라도 하는지, 이제는 더 이상 뜯지 않고 소중히 물고만 다닌다. 달콩이는 특히 밤에 잘 때마다 애착 인형을 찾는다. 인형을 물고 낑낑거리며 집안을 돌아다니는, 그 의중을 알 수 없는 세리머니를 한 뒤에야 편히 잠자리에 든다.

애착 인형을 곁에 두고 코야코야 잠자는 달콩이를 보고 있으면 자연스레 오래전 기억으로 돌아간다. 초등학교 저학년쯤이었을까. 나에게도 애착 인형이 있었다. 내 품에 쏙 들어오던 푸우 인형. 바깥세상은 빙글빙글 돌아가지만 그 와중에 절대 변하지 않는 친구가 내 침대 위에 항상 있었고, 그게 그렇게 든든했다. 푸우를 안았을 때의 그 포근하고 말랑 쫀득한 느낌, 세상의 근심이 사그라드는 기분은 여전히 내 몸이 기억

한다. 밤에 누우면 그 인형이 옆에 있어야만 잠이 스르르 왔다. 속상한 일이 생겨도, 엄마에게 혼나도 그 친구를 안고 있으면 마음의 안정이 찾아왔다. 애착 인형답게 낡으면 낡을수록 애착은 더 강해졌다.

그러나 세상에 변하지 않는 건 없다고 했던가. 어느 날, 엄마가 솜이 다 삐져나오고 너덜너덜해진 그 인형을 나 몰래 버리시곤 다른 푸우 인형을 사다 놓으셨다. 인형 좀 바꾸자고 아무리 날 설득해도 안 통해서 내리신 결단이었다. 학교에서 돌아온 나는 새로운 푸우 인형을 바닥에 던지며 세상을 잃은 듯 엉엉 울었다. 영원한 건 없다는 걸 잘 몰랐던 시절이었다. 새 인형을 안아보았지만 느낌이 완전히 달랐다. 내가 알던 그 쿠션감, 내가 알던 그 푸우의 눈동자가 아니었다. 아무리 똑같은 푸우를 갖다 놓아도 나의 손때와 눈물과 자면서 흘린 침 자국까지 묻어 있던, 하도 많이 만져서 표면이 맨들맨들해졌던 원래의 푸우가 될 수는 없었다. 그때 나는 상실감이란 걸 배웠다. 소중한 존재와 이별하고 가슴에 커다란 구멍이 나는 기분. 대체 불가한 존재를 잃는 경험. 나는 푸우를 보내며 처음으로 그 감정을 느꼈다.

지금은 세상살이가 너무 복잡해서 인형 정도로는 나의 불면을 해결할 수 없다. 그럼에도 가끔은 작지만 강력한 힘으로 나를 위로했던 그 애착 인형을 떠올리며, 어른이 된 나에게도 그런 존재가 있다면 참 좋겠다고 생각한다. 내가 오래도록 애정을 쏟을 수 있고, 항상 내 곁을 지켜주며, 나의 사소하고 개인적인 역사들을 모두 견뎌줄 수 있는, 닳아 없어질 때까지 기댈 수 있는 존재. 그렇게 해도 미안해할 필요가 없는, 그런 존재.

그나저나 달콩이의 애착 인형이 손쓸 수 없을 지경이 되면 그땐 어쩌지. 몰래 버렸다가 밤마다 인형 찾느라 구슬피 울 달콩이를 상상하면 벌써 마음이 아프다.

리을
정석의 미덕

 손으로 글씨 쓰는 걸 좋아한다. 통화할 때나 생각에 잠길 때, 책 읽을 때나 공부할 때, 수다 떨 때, 그냥 심심할 때도 아무 종이나 펼쳐두고 낙서를 하곤 한다.

 최근 어느 밤에는 쓸데없이 감성에 젖어, 생각이 닿는 대로 메모장 위에 문장들을 적었다. 나는 상황이나 기분에 따라 글씨체를 바꾸기도 하는데, 그날은 오랜만에 또박또박한 모양으로 글씨를 썼다. 그러다 새삼스레 깨달았다. 아, 내가 지금까지 ㄹ을 항상 z에 가깝게 썼구나.

 오랜만에 리을을 온전한 ㄹ의 형태로 썼다. z로 휘갈겨 쓸 때는 한 획에 끝내던 것을 무려 3획으로 늘린 것이다. 다 쓰고 난 뒤에 살펴보니 만족스러웠다. 지금까지 글씨를 쓸 때마다 어딘가 마음에 들지 않던 부분이 딱 채워지는 기분이었달까.

 반듯하게 쓴 글씨를 보고 있자니 내가 요즘 매사에 너무 대충 살고 있는 게 아닌가 싶어 뜨끔했다. ㄹ이라고 써야 할 것을 z로 휘갈겨 쓰는 것처럼. 어느 하나 깊이 정성 들이지 못한 채, 푹 빠지지 못한 채, 그저 흉내만 내고, 구색만 맞추면서. 물론 효율이 가장 중요한 세상이라지만, 그 반대편에서는 조금 느리더라도 한땀 한땀 성의를 담을 줄 알아야 사람 냄새나는 세상이 될 텐데.

요즘은 무언가에 정성을 잔뜩 들이는 사람을 보면 부럽다. 그 열성이. 애정이. 심취하는 시간이. 나는 일상에서 반복하는 일들에 점점 익숙해지고, 익숙하지 않은 일은 지레 피해버리고 만다. 여기저기 대충대충 손을 뻗은 뒤 '했다'는 것에만 의미를 두고 '제대로 했는지'는 크게 살피려 들지 않는다. 정석의 미덕은 잊고 지름길만 찾으려 한다. 그러다 결과물을 보면 꼭 어딘가 마음에 차지 않는다.

모든 글자를 똑바로 쓰며 살자고, 완벽하게 살자는 이야기를 하고자 하는 건 결코 아니다. 앞으로도 나는 대부분 리을을 z로 쓰겠지만, 가끔은 온전한 ㄹ의 모양을 기억하며 아름다운 리을 그 자체를 또박또박 써보려 한다. 효율이 세 배나 떨어지지만 그럴 가치가 있다. 국물 요리를 끓일 때도 비슷하다. 물에 퐁당 빠뜨리면 그만인 코인 육수가 있지만, 무, 파, 양파 큼직하게 썰고 멸치 다듬고 다시마 씻어 넣어서 오랜 시간 뭉근히 끓여낸 온전한 육수를 이기지는 못한다.

  가끔은 그렇게 성의를 쏟아 무언가를 완성하고 난 뒤, 그 결과물을 만족스럽게 바라보기로 한다. 적어도 내가 쏟은 시간과 노력과 진심이 아깝게 느껴지지는 않을 것이다.

잔류 세제

 한 전문가가 TV 프로그램에 나와, 세제를 수세미에 바로 짜서 설거지를 하면 안 된다고 말했다. 깨끗하게 헹궈도 알게 모르게 식기에 세제가 남기 쉽다는 것이다. 이렇게 설거지를 하면 1년에 평균 소주잔 두 잔 분량의 세제를 먹게 된다는 이야기도 덧붙였다. 이 끔찍한 정보를 알게 된 이후로 나는 세제를 먼저 물에다 희석한 다음 설거지를 하기 시작했다.

 찜찜한 마음에 하라는 대로 하고 있긴 하지만, 솔직히 이해가 잘 안된다. 투명한 컵에 분명히 아무런 흔적도 남아 있지 않은데. 아무리 살펴보아도 세제라고 할 만한 거품도, 얼룩도, 굴절도 아무것도 없이 뽀득뽀득 깨끗한데. 대체 어디에 세제가 남아 있다는 걸까.

 그렇게 생각하고 보니 등골이 서늘해졌다. 우리가 사라졌다고 믿는 것 중에 어떤 것이 이처럼 꼭꼭 숨어서 지독히 잔존해 있을까. 또 우리가 제대로 보았다고 여겼던 것들 중, 얼마나 많은 것들이 우리의 생각과는 다른 실체를 품고 있을까.

사과
반성의 맛

사과가 그렇게 건강에 좋다는데, 막상 가격이 부담되어 자주 사 먹지는 못한다. 그러다 사과 가격이 저렴한 사이트가 있길래 봤더니 '가정용 흠과'라고 적혀 있었다. 마침 후기도 나쁘지 않아서 믿고 주문해보았다.

며칠 뒤 큼직한 사과 박스가 떡하니 집 앞에 도착했다. 봉지에 몇 알씩 들은 사과만 소심하게 사 먹다가 마주한 사과 박스는 존재만으로도 든든했다. 설레는 마음으로 박스를 열었는데, 내가 생각했던 것보다 더 못생긴 사과들이 들어 있었다. 쨍하게 빨간 사과가 아니라 물 빠진 청바지처럼 채도가 낮은 사과들. 사과는 제각기 다른 흠을 가지고 있었다. 표면에 거뭇거뭇하고 꺼끌꺼끌한 반점이 나 있거나, 옆구리가 갈라져 있거나, 멍이 들어 있었다. 좌우 비대칭이 심한 사과도 있었다. 그중 하나를 골라 껍질을 깎았다. 입에 넣고 씹는 순간 아삭 소리가 크게 났다. 이상하게도 나는 상큼하고 단단한 과일을 먹으면 치아에서부터 소름이 돋는다. 오소소 돋은 소름이 얼굴로 흐르는 동안 입안에 과즙이 사르르 퍼졌다. 편견과 맞서 싸워야 했을 사과를 대신하여, 내가 다 억울할 정도로 맛있었다.

주문한 사과는 한 달 동안 먹었다. 모양이 제각각인 만큼 맛도 제각각이었다. 어떤 사과는 푸석했고, 어떤 사과에는 무려 꿀이 들어 있었다. 오늘의 사과는 어떤 맛이려나. 아침마다 사과를 깎으며 궁금해했다. 정해진 기준의 평가에서 떨어진 아이들이겠지만 대부분 맛있게 먹었다. 행여 덜 달고 덜 아삭할지라도 모두가 각자의 매력을 담은 맛이었다.

나는 도시에서 태어나 쭉 도시에서 살았다. 시골에서 자라신 부모님과는 달리 정제되거나 단정하게 가공된 음식을 먹으면서 컸다. 농작물도 마찬가지이다. 자연에서 난 것이니 자연스러운 거라 생각했지만, 엄밀히 따지면 도시의 마트에서 파는 농작물은 선별되어 예쁘게 다듬어진 결과물이다. 내가 요즘 사 먹는 대부분의 과일 역시 '자연스러운' 과일이라고 보기는 어렵다. 더 달콤하고 맛있게 만들기 위해 품종 개량을 거친 산물이다. 진짜 자연스러운 농작물은 농부들이 직접 먹으려고 기른 텃밭 작물에서 볼 수 있다. 팔기 위해 모양내며 가꾼 것이 아니니 그 모습은 제멋대로지만, 싱싱하고 맛있고 건강한 채소들.

  나는 포장된 모습만을 요구하고 개성을 존중하지 않는 이 사회에 늘 불만을 가지며 살아왔다. 하지만 맛만 좋은 이 못난이 사과들을 보며 깨달았다. 나부터도 가공된 모습만을 선호했구나. 자연스러운 걸 좋아한다고 습관처럼 말하는 나는, 과연 '자연스럽다'는 말이 진정 무엇을 뜻하는지 알기나 했을까. 난 정말로 다양함을 포용하고 사랑할 줄 아는 사람일까. 획일화된 기준으로 세상을 재단하며 그것을 벗어나는 이들에게 달갑지 않은 시선을 보내지는 않았나. 멍든 사과의 단맛을 입안에서 느끼며 평소 보지 못하던 면면을 본다. 여러모로 반성하게 하는 맛이다.

눈

한 독자님이 내 손을 꼬옥 잡고 이야기하신 적 있다.

"작가님, 저도 모르는 제 마음을 알려주셔서 감사해요."

독자님은 내 글을 읽다 보면 그동안 자신이 무엇 때문에 힘들었는지 알게 된다고 했다. 내가 글을 써도 되는 사람인지 의심스러울 때마다 그녀의 말을 떠올린다. 한 명의 마음이라도 움직일 수 있다면, 부족한 나에게도 자격이 있는 거라 믿으며.

앞으로도 그런 글을 쓰고 싶다. 사람들의 마음속에 수증기처럼 둥실둥실 떠다니는 생각들을 야무지게 뭉쳐서, 실체를 가진 눈송이의 모습으로 내리게 하고 싶다. 요란하지 않게 사락사락 소리를 내며 내려와 고요한 세상을 꽉 채우는, 자세히 들여다보면 꽃 모양의 결정이 선명한, 손에 닿으면 자연스레 사르르 녹아내리는. 가득 모여 세상을 밝히는, 나무들 위에 앉아 이불이 되어주는. 차갑게 정신을 일깨워주고, 가끔은 깊숙이 웅크리고 있던 동심을 꺼내주기도 하는 눈처럼. 그런 글을 쓰고 싶다.

삶을 대하는 시선 식 시리즈1
사물을 보는 방식

초판 1쇄 발행	2025년 7월 2일
지은이	온정
펴낸곳	마누스
출판등록	2020년 8월 19일 제348-25100-2020-000002호
팩스	0504-064-7414
이메일	manus2020@naver.com

ⓒ 온정, 2025

ISBN   979-11-94176-77-0

삶에서, 책으로.
마누스 Manus